CAMINHOS DO EXPORTADOR

Título original:
Caminhos do Exportador. Estratégias de Empreendorismo e Internacionalização

AUTOR
José Manuel Fernandes

CONJUNTURA ACTUAL EDITORA
Sede: Rua Fernandes Tomás, 76-80, 3000-167 Coimbra
Delegação: LEAP CENTER – Espaço Amoreiras
Rua D. João V, n.º 24, 1.03 - 1250-091 Lisboa – Portugal

DESIGN DE CAPA
FBA

PAGINAÇÃO
João Jegundo

IMPRESSÃO E ACABAMENTO
Papelmunde

Outubro 2019

DEPÓSITO LEGAL
n.º: 461922/19

Biblioteca Nacional de Portugal – Catalogação na Publicação

FERNANDES, José Manuel, 1945-

Caminhos do exportador: estratégias de empreendorismo e
internacionalização. – (Fora de coleção)
ISBN 978-989-694-451-3

CDU 658

CAMINHOS DO EXPORTADOR

ESTRATÉGIAS DE EMPREENDEDORISMO E INTERNACIONALIZAÇÃO

JOSÉ MANUEL FERNANDES

2ª Edição

ACTUAL

ÍNDICE

O valor das coisas não está no tempo em que elas duram,
mas na intensidade com que acontecem.

Por isso existem momentos inesquecíveis, coisas inexplicáveis
e pessoas incomparáveis.

FERNANDO PESSOA

PREFÁCIO

O meu ilustre amigo eng.º José Manuel Fernandes, Presidente do Conselho de Administração do Grupo Frezite, construiu um grupo de excelência no domínio das ferramentas de corte com presença à escala mundial subordinado à conhecida sigla III – Investigar, Inovar, Internacionalizar.

Tenho tido oportunidade, desde os meus tempos de governo, de assistir à impressionante trajectória empresarial do eng.º José Manuel Fernandes e ao sucesso do processo de internacionalização do grupo que criou e tem dirigido com tecnologia própria e com forte inovação nos produtos e nos modelos de negócio.

O processo de internacionalização duma empresa portuguesa é sempre um processo difícil, repleto de riscos e oportunidades. O eng.º José Manuel Fernandes resolveu em boa hora passar para um livro toda a sua vastíssima experiência como empresário português de grande sucesso e que conseguiu internacionalizar o seu grupo assente em tecnologia própria.

Os modelos a seguir, as escolhas de mercados, produtos e parceiros, os riscos e oportunidades, tudo isto é objecto de reflexão e descrição neste livro do eng.º José Manuel Fernandes.

O Autor insere nesta edição um novo e muito oportuno capítulo sobre Segurança e Proteção do Conhecimento no Exterior. Ele chama a atenção para os comportamentos da concorrência visando obter informações sobre a empresa que está a entrar num mercado externo no que toca ao seu conhecimento e no fundo aos seus activos de Propriedade Intelectual. Isso é feito umas vezes através da própria empresa cliente ou da empresa que vai ser parceira, outras vezes através de falsas abordagens sobre a capa de cooperação, no fundo através de autênticas ações de espionagem industrial, executadas quer por Estados estrangeiros que designam os seus espiões convenientemente como diplomatas, quer por outras entidades de natureza muito diversa mas actuando ao serviço das empresas concorrentes.

Neste contexto, o Autor lista um conjunto de uteis recomendações a serem seguidas pelas empresas num processo de internacionalização, quer a nível da sua Proteção Interna quer a nível da sua Proteção Exterior, recomendando ainda o recurso ao aconselhamento ao nosso SIS-Serviços de Informação de Segurança do Estado Português.

O Autor explica ainda no texto Proteção Global-Cibersegurança a candente questão da Cibersegurança e o que as empresas devem fazer para se protegerem dos ciberataques.

Trata-se pois dum livro indispensável a todos os nossos empresários e a todas as nossas PME já envolvidas ou que se irão envolver num processo inevitável de internacionalização na economia global.

O sucesso empresarial do eng.º José Manuel Fernandes e do seu grupo na economia global deve ser para nós motivo de orgulho e uma referência em termos de capacidade empresarial e tecnológica.

Este livro é pois de leitura obrigatória para todos os actores empresariais portugueses.

Lisboa, 19 de Setembro de 2019

LUIS MIRA AMARAL

INTRODUÇÃO

"Errar é humano, mas aprender com os erros
é ser sábio para vencer"
O AUTOR

Todo este texto quer partilhar, com empresários e gestores, em particular das PME, a experiência acumulada de uma vida dedicada à indústria e à produtividade pela aplicação de novas tecnologias, novas oportunidades e desafios, com a aceitação e superação de desafios sucessivos, que, na contagem do tempo, considerávamos impensável atingir, com criação de valor para todos.

Ao tempo associamos a persistência, a atitude e a determinação de vencer que nos deu um retorno que nos permite dizer "BEM FIZ EU".

Espero que o conteúdo deste livro possa ajudar colegas empresários, em particular de PMEs, e gestores; que inspire reflexão, soluções, novos caminhos e atitude, por forma a tomarem decisões tendo em conta este conteúdo de partilha. É meu desejo reavivar o permanente desafio de Sagres, inspirado nos nossos antepassados, pelos descobrimentos, e que este seja mobilizador para os empreendedores de hoje e das gerações futuras.

Sempre fomos um povo de grandes feitos, mas fraca sustentabilidade após esses grandes feitos na luta por um futuro melhor. Não é, porém, o que os empresários portugueses estão a fazer no presente. Estes estão, hoje, mais do que nunca, a promover o aumento do nosso comércio externo e o crescimento económico. Ao fazê-lo, estão criar valor com sustentabilidade, entregando-o com dignidade às próximas gerações de empresários e gestores.

Se este objectivo for minimamente atingido, será o prémio principal deste livro.

Aqueles que nos conhecem sabem o que está por detrás destas linhas e pensamentos.

Em particular aos estudiosos, académicos e investigadores das ciências socioeconómicas, peço que compreendam que, pela sua própria natureza, o objectivo do livro não é o tratamento em profundidade de temas que facilmente fomentam o debate e a análise sobre como potenciar o nosso crescimento económico, o desenvolvimento e a sustentabilidade, por actores da economia real.

Assim, a minha mensagem é de partilha e entrega de valor, pois há um princípio universal que é bíblico, que desde jovem aprendi: "É MELHOR DAR DO QUE RECEBER". Estou certo de que todos entendem, mas o "sabor" é só para aqueles que praticam ... eis um desafio, por que não.

Quero e espero valorizar toda a mensagem deste livro, com casos práticos de factos da minha vida empresarial, provenientes da Escola do Erro. O objetivo é, de alguma forma, ajudar quem está a iniciar ou já a fazer caminho nas exportações, pela actividade económica empresarial.

Associo este livro à minha homenagem aos empresários, tal como os nossos emigrantes das décadas de 60 e 70, atravessaram fronteiras. Praticamente sem saberem outras línguas, os nossos empresários levam na sua parca bagagem sonhos de empreendedor, sonhos de certeza de vencer, visão de terras de oportunidades, quando tinham pela frente montanhas para vencer. Foram visitar empresas, feiras temáticas, conhecer outros fazedores e colher o máximo de informação para alimentar os seus sonhos. Por acreditarem de forma inabalável nos seus projectos e nas suas capacidades, assumiram risco de crédito, a que muitos ficaram tremendamente expostos. Isto faz parte da aventura inicial dos empreendedores.

Depois investiram, com muito esforço, nas suas empresas, sendo os obstáculos do dia-a-dia vencidos com a suavidade da certeza de vencerem, trabalhando na maioria das situações num desconforto total e em horários desumanos.

Muitas das nossas empresas, pequenas, médias e até grandes começaram assim. Desenvolveram-se sustentadamente pelo contágio do entusiasmo do empreendedor a todos os que acompanharam, inclusive aos seus familiares.

O actual caminho da criação de muitas das novas empresas não deixa de ter trajectórias idênticas, embora mais facilitadas, mas em contexto concorrencial muito diferente.

Iniciar hoje um projecto empresarial deve ter em conta uma visão, desde logo, global, com uma orientação progressiva para os mercados externos, nas várias áreas de actuação. A globalização tem efeitos que nos surpreendem todos os dias. Caso não sejamos nós a contactar os mercados externos, são "estes" que nos contactam e por vezes nos activam nesse sentido.

Não faz sentido nos dias de hoje começar um projecto pensando apenas no mercado interno.

A transição do mercado nacional para um mercado externo não deve ser encarada como uma continuidade sem procedimentos novos, mas antes assumir, com responsabilidade, essa mudança "natural" pela preparação organizacional e solidez financeira da empresa, a começar nas competências dos Recursos Humanos, sendo imprescindível ter um sistema de Gestão de Qualidade NP9001-200, implementado e certificado.

Com o despoletar da crise global de 2008/2009, o país deu-se conta de desequilíbrios das contas públicas, de um défice excessivo, e ainda com baixa produtividade *per capita*. Por outro lado, havia causas fortíssimas que vieram do exterior, e das quais se tem falado pouco, mas que contribuíram também para o nosso impasse, causadoras do *cocktail* amargo que nos obrigaram a tomar sem termos capacidade de nos defender, como seria desejável e natural. Não percebemos que ao entrar para o Euro deixaríamos de ter moeda própria e que teríamos de mudar de vida senão desde logo a seguir ao 25 de Abril.

Esgotada a ilusão criada pelo facilitismo inicial da moeda única, temos de ser realistas, de trabalhar melhor e exportar mais, com ainda maior valor acrescentado.

De facto, o sino tocou a rebate e todos os que dirigem este país valorizaram, finalmente, o papel das exportações e da internacionalização da economia, enfim, o papel do empreendedor e em particular o da iniciativa privada.

O esforço está a ser grande para as empresas e os empresários já estão a responder. O reforço da estratégia das exportações e a dinâmica criada vem do trabalho feito também pela AICEP, no passado por Basílio Horta e, por Pedro Reis. Foi, aliás, a nova visão da Agência para o Investimento e Comércio Externo de Portugal, liderada por Pedro Reis, que nos permitiu passar a barreira dos 40% do PIB em exportações e ter créditos para mais ambição, em que hoje. Com uma elevada e continuada determinação da AICEP estamos a chegar aos 50% do PIB.

O nosso *benchmarking* deve estar focado na Holanda e Bélgica, que são países com exportações acima dos 65%, valorizadas pelo alto valor acrescentado, mesmo não possuindo matérias-primas de alto valor nos seus recursos naturais.

A minha homenagem é também extensiva aos empresários e gestores de hoje, que estão a mudar a nossa estrutura do PIB ao lutarem com sucesso quer pelo aumento das exportações, com mais valor acrescentado, naquilo que produzem vender "para lá", muitos deles por via de estratégias assentes na internacionalização das suas empresas, em "estar lá", ou ainda pela redução competitiva das nossas importações, o que tem sido evidente em novos projectos de sucesso, extensivos à agricultura e à agro-indústria.

No fundo, os nossos empresários e gestores estão a mudar a estrutura do PIB, ao apostarem cada vez mais na produção de bens e serviços transaccionáveis no quadro da economia global, em que estamos inseridos.

Caminhos do Exportador pretende ajudar pela partilha e reflexão o enriquecimento do valor pelas exportações e como fazê-lo.

Eu próprio fiz esses caminhos e continuo a fazê-lo, mas durante a marcha recordando o valor da família, evidenciado esse valor por muitos momentos de ausência e distante, a quem em primeiro lugar dedico o livro, assim como no meu olhar para a frente vai a gratidão para aqueles que fizeram muitos trechos destes caminhos ao meu lado e me deram esse privilégio, como Luis Liz, Fernando Figueiredo, Pedro Pacheco, Tiago Fernandes, Carlos Carneiro, Pereira Rodrigues, Ana Paula Silva e tantos outros.

Ao Engenheiro Mira Amaral, grato pelo apoio ao longo de uma caminhada, em que nos conhecemos aquando do Ministro da Indústria, pelo que nos ensinou na análise dos equilíbrios e dos desafios da economia, nas sociedades modernas e pela crítica e ajuda na revisão do livro.

Ao Prof. Alberto Castro, pela sua análise crítica e ajuda sempre disponibilizada, em torno de uma melhor apresentação dos temas, assim como a Carlos Caldeira.

Aos amigos que nos deram o seu depoimento sobre o livro, com quem partilhamos em múltiplas ocasiões de trabalho, conhecimento e experiências, a nossa gratidão pelo testemunho, que estou certo que valorizará o espaço do leitor.

Por todos espero, tal como eu, que o melhor retorno virá pela utilidade e aceitabilidade pelo público alvo, do conteúdo e mensagem de "Caminhos do Exportador", em estratégias de Internacionalização, em prol do desenvolvimento e do convívio entre os povos que fazem os mercados e em particular num momento difícil para o nosso país, pela sustentabilidade do crescimento económico em ambiente de coesão social, tão necessário.

DIAMANTES NOS CAMINHOS DO EXPORTADOR

1. **Ter uma estratégia** – Onde estamos? Para onde vamos? Como vamos lá chegar?
2. **Ser flexível** – Ter um excelente serviço e ser rápido
3. **Ter uma marca** – Sem marca o valor passa para os outros
4. **Exportar e internacionalizar** – Ir a novos mercados e arriscar
5. **Avaliar os recursos e os meios** – Não criar endividamento insustentável.
6. **Inovar com novos produtos e serviços** – Fazer a diferenciação – Paga-se melhor, com margens maiores
7. **Gerir com o mérito** – Pelos resultados
8. **Ser competitivo** – Reduzir custos e criar valor para o cliente – CRIVAC
9. **Prioridade à qualidade pelos resultados** – Na escolha de consultores
10. **Economia circular** e sustentabilidade andam de mãos dadas – Todas as sociedades de seres vivos lucram.

CAPÍTULO I

O EMPRESÁRIO

"Um empreendedor não se faz, faz-se"
BELMIRO DE AZEVEDO

" Para além dos Alpes fica a Itália"
ANÍBAL – General cartaginês,quando atacou Roma pelo norte, pelos Alpes, pelo caminho mais difícil, em que a inovação do ataque lhe deu vitórias consecutivas história

Eu sou capaz ...

Este é o grito do empreendedor, com que começaram milhares de empresas, se não a grande maioria.

A criatividade e a atitude de fazer acontecer são um impulso individual de vontade de vencer, de criar algo e a maternidade de todos os empresários e empreendedores. Esta designação de empresário absorve gestores, líderes de equipas, todo aquele que empreende algo, cria, produz, transforma, e acrescenta valor para depois transaccionar e conseguir criar um excedente que é o valor de empreender.

Mas não podemos ficar por aqui, porque há muito mais em desafios e potencial de crescimento para o empresário de hoje. Mas como?

Tendo a componente de visionário e gerindo riscos, transformemos tudo isto e vençamos os desafios, empreendendo.

Aníbal, o grande general cartaginês, depois de ter sido derrotado nas planícies circunvizinhas de Roma, teve a astúcia de empreender de novo e de voltar a atacar, mas desta vez pelo Norte.

O Norte significava os Alpes, considerados por Roma como intransponíveis e que tinham para Aníbal o grande desafio pelo efeito surpresa, que se traduzia no seu empreendimento inovando como vantagem competitiva na conquista de Roma, o coração do Império Romano.

Assim, ao levar as suas tropas pelo Norte de Itália, sabia que tinha de atravessar os Alpes.

Preparou as suas tropas, mas não evitou o lamento e o desânimo delas perante os Alpes e o que isso lhes traduzia. Perante isto, reuniu os seus exércitos e passou uma forte mensagem renovadora de esperança e certeza de vencer: "PARA ALÉM DOS ALPES, FICA A ITÁLIA".

Conquistar a Itália era o grande sonho de todos. Passaram os Alpes, com perda de homens, muitos sacrifícios, mas apanharam Roma de surpresa e derrotaram-na nos primeiros encontros.

Este é o espírito do empresário, do empreendedor.

Quantas empresas foram e são formadas por uma forte vontade de criar algo pelos seus fundadores e que perante desafios e dificuldades mantiveram e difundiram aos mais próximos um espírito de vencer e de dizer " EU SOU CAPAZ"?

O empresário em si tem uma função muito abrangente de múltiplas disciplinas, na gestão da sua estratégia corrente e na visão sobre o futuro, assumindo também automaticamente uma responsabilidade social quando inicia um projecto empresarial com a contratação de pessoas.

Não se compreende que, ainda seja possível que um cidadão sem uma formação mínima na gestão e na responsabilidade social adequada se possa inscrever numa Repartição de Finanças e dar início a uma actividade empresarial em qualquer área da economia. No contexto das liberdades constitucionais, tal é possível porque não deve haver barreiras ao início de uma actividade, mas em termos de responsabilidade social pode ser problemático. Uma formação por módulos, de 4 a 8 horas, nas áreas Comercial/ Marketing,Produção/Produtividade, Administrativa/Financeira, Produto/ I&DI, Produção/TIC e Sociedade/Cidadania daria melhores competências para empreender um projecto, com responsabilidades mais bem assumidas na criação de postos de trabalho e na criação de um activo, que também é um bem, com responsabilidade social. O País, em primeiro lugar, os próprios empresários, só tinham a ganhar com este cuidado numa qualificação básica voluntária. Com efeito, evitar-se-iam, desse modo, muitos erros de percurso das empresas e dar-se-ia às mesmas maior capacidade de crescerem com mais sustentabilidade e maior probabilidade de sucesso.

Esta qualificação básica em Gestão, Responsabilidade Social e Empresarial, sem ter um perfil ditatorial, pode ser estimulada por exemplo, por incentivo, fiscal no início de actividade de um projecto empresarial.

As principais associações empresariais podem assumir esta formação mais ligeira dos empresários.

Todos ficariam a ganhar, em particular o País.

SER EMPRESÁRIO
É SER POLIVALENTE
NA GESTÃO,
SER QUALIFICADO
MINIMAMENTE
E SEMPRE
DISPONÍVEL
PARA APRENDER.

CAPÍTULO II

A EMPRESA

"Há três tipos de empresas (e pessoas). As que fazem as coisas acontecer, as que ficam a ver as coisas acontecer e as que perguntam o que aconteceu."

PHILIP KOTLER

A empresa é uma organização com actividade económica de iniciativa de um ou mais indivíduos chamados empresários ou empreendedores, que, através da transformação pelo conhecimento especializado ou pelo conhecimento de tecnologias de processo, produzem produtos e/ou serviços, para um espaço físico de uma população chamado mercado.

Portugal necessita de um forte impulso no aparecimento de novas empresas e estas deveriam ser maioritariamente de bens e serviços transaccionáveis, com estratégias de alto valor acrescentado. E porquê?

São empresas com forte alinhamento com as necessidades dos mercados, e dos seus clientes, gerando crescimento económico e criação do emprego, quer nas próprias empresas, quer nos mercados de destino ou transição.

Muitos projetos são empresas fáceis de constituir, porque podem começar por micro ou pequena dimensão e não parar de crescer.

Os novos empreendedores em Portugal têm todas as condições para iniciar projectos e ter êxito, dentro deste âmbito de actuação e dos desafios que aceitaram.

A criação de novas empresas é estimulada pelas condições e oportunidades dos mercados, assim como pelo ambiente socioeconómico e fiscal estável, gerador de confiança que também deve ser complementada pelos programas de financiamento às empresas com potencial. Isto porque apoiar empresas que estão moribundas é provocar o alastramento do vírus das falências e das nocivas transfusões de sangue em moribundos, pondo os que pagam impostos a financiarem actividades inviáveis, criando graves e chocantes distorções de concorrência entre os que tem sucesso e pagam impostos com os que estão condenados a morrer.

A palavra-chave e decisora para o investimento é "confiança", que é sempre o resultado de um conjunto de factores sociopolíticos muito importantes e que devem ser bem implementados e valorizados por quem empreende em contexto das políticas públicas, de quem governa.

O ecossistema sociopolítico é essencial para a confiança, sem a qual não há investimento multiplicador.

A economia empresarial tem de ser sadia – só assim é que se valoriza – e ter regulamentações muito eficazes a separar o trigo do joio, com uma justiça a apoiá-la de forma sincronizada, dinâmica e correta, o que tem sido difícil acrescentar.

CASO – JUSTIÇA E ECONOMIA

Tivemos recentemente uma situação de hipotético litígio, numa empresa nossa no Centro da Europa. A acção foi interposta pelo colaborador. Passados 45 dias, estava em julgamento e ficou arrumada com a decisão do tribunal no final da sessão do julgamento. E em Portugal?... Ainda estamos com prazos médios da justiça incomparáveis, que não são aceites nos cenários do Investidor e na actividade do Comércio Internacional e ate na nossa pegada para um mínimo de dignidade no espaço da União Europeia.

* * *

Quando há uma justiça que não actua de forma célere, isso prejudica em muito a actividade das empresas, assim como a economia nacional. Quantas decisões de investimento são adiadas e até acabam por ser canceladas , à espera da decisão final da justiça? Será justo pedir às empresas para serem competitivas quando têm, no espaço da justiça, procedimentos e respostas antiprodutividade que, no final, afectam a actividade e até o investimento? De facto, não nos faltam desafios para sermos melhores.

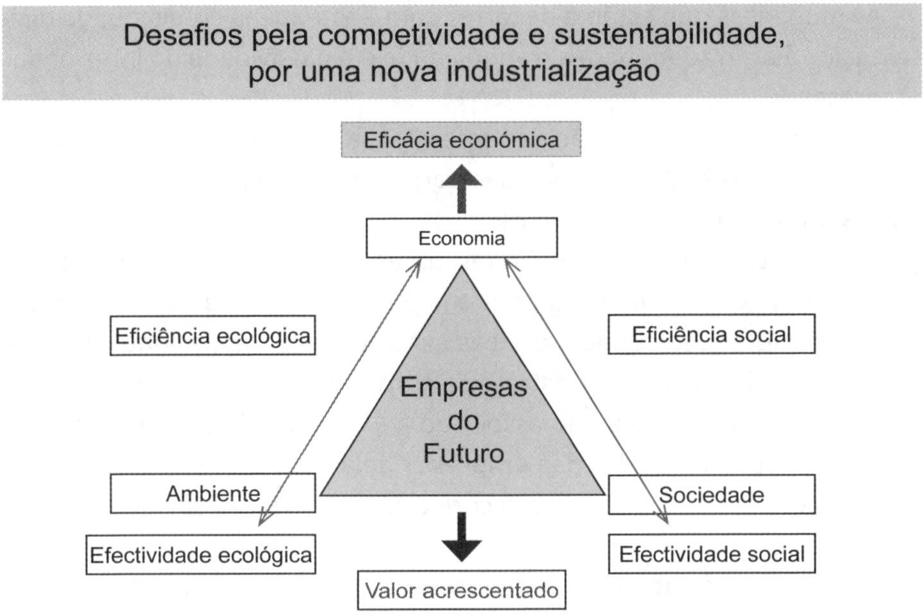

Fonte: BMU econsense

Figura 1

O desafio à criação de novas empresas passa por novos paradigmas já aceites pelas sociedades modernas (ver Figura 1).

A eficácia económica e a eficácia na criação de valor requerem, também, eficácia social e ecológica, assim como uma enfâse na estabilidade fiscal e na justiça.

Nos dias de hoje, uma empresa representa um contrato social implícito entre accionistas *shareholders* e os *stakeholders* e o ecossistema sóciopolítico em que está inserida.

No âmbito da responsabilidade social e empresarial, uma empresa moderna deve assentar no tripé, económico, social e ambiental.

A empresa é uma sociedade viva, permanentemente a aprender.

Cada vez mais as empresas enfrentam novos desafios, em que o responder à pressão da competitividade é o seu maior desafio, para garantir continuidade e futuro.

Isto acontece sem que haja distrações quanto ao posicionar a empresa no futuro, que tem que ver com uma estratégia que começa sempre no hoje.

As mudanças que estão a decorrer com a era que já começou, da digitalização, é aterradora para a tranquilidade e a passividade do interior das empresas.

Dependendo da dimensão das empresas, a resposta à competitividade tem de ser trabalhada sob uma visão para onde queremos ir, quais os objetivos a atingir e com que recursos.

Não é aceitável que criemos desculpas para nós próprios por a não existência de dimensão. Uma pequena empresa ou uma micro-empresa podem sempre recorrer aos serviços externos de consultadoria para que uma materialização de uma estratégia correta seja bem conseguida.

Com a era da digitalização associada à 4ª Revolução Industrial, temos a fragmentação do poder das empresas pela escala, com transferência desse valor com evidencia para o conhecimento e sua dispersão no interior das empresas.

Começa a ser natural com o desenvolvimento do marketing digital vermos um número crescente de empresas, até de pequena dimensão, vencerem nos mercados externos, em que a sua principal variável de sucesso destas empresas é o seu conhecimento em aplicação em ambiente e causa diferenciadora.

LIBERDADE NO EMPREENDORISMO TEM DOIS SENTIDOS, CRIATIVIDADE E RESPONSABILIDADE.

CAPÍTULO III

A EMPRESA FAMILIAR

"As pessoas não são o activo mais importante de uma empresa.
As pessoas certas é que são..."
JIM COLLINS

Podemos dizer que o retrato da empresa familiar tem múltiplas cores. Ou seja, dependendo da personalidade do líder ou líderes, há sempre risco de existirem áreas cinzentas e turvas, de decisão e *modus vivendi* com a existência de familiares na estrutura executiva, e não só, das empresas familiares.

A tendência para se gerarem conflitos entre ramos familiares é grande, quer no interior, quer no exterior das empresas, através da pressão nas decisões, com afirmação em direitos e conceitos de posse, que nada têm a ver com a vida correcta ou independente que as empresas devem ter.

A gestão de uma empresa familiar tem de ser feita com muito cuidado e com todos conscientes da sua responsabilidade, igual entre todos, pelos princípios da imparcialidade, do exemplo e da equidade operacional.

Esta cultura deve ser desenvolvida entre familiares e detentores de direitos.

A influência individual familiar na gestão do dia-a-dia de uma empresa é uma tentação que pode ter forte consequências. Estas consequências podem ocorrer desde a formação da empresa, na vida corrente e no próprio objecto da empresa.

O princípio da continuidade de uma empresa só pela sucessão, tem sido em muitos casos a causa do desaparecimento de muitas empresas.

Na nossa história contemporânea são muitos os exemplos de empresas que encerram com a morte dos seus fundadores.

As indústrias de bens de equipamento têm uma história trágica. Portugal tinha, nas décadas de 60 a 90, em diversos sectores, a produção de bens de equipamento de alta qualidade e capacidade de oferta. O que aconteceu? A maioria dos empresários não soube separar gestão, património e família.

CASO-EMPRESA – UM BEM SOCIAL

Um dia ouvimos um empresário lamentar-se que tinha uma empresa excelente, com características de competitividade relevantes em relação à concorrência, mas que não estava interessado em investir mais. A causa apontada era a ausência de sucessores na empresa, uma vez que tinha duas filhas, uma médica e a outra farmacêutica.

Este empresário nunca compreendeu que a gestão de uma empresa é pela competência e nunca somente pela cor do sangue. Uma coisa é competência, outra é capital e outra, distinta, é família.

* * *

Com estes princípios errados desapareceram e continuam a desaparecer muitas empresas, que criaram excelente património de imagem, marcas, produtos e conhecimento.

Assistir ao desaparecimento de empresas como JACINTO RAMOS IRMÃO, EDUARDO FERREIRINHA, ALFREDO CARDOSO OLIVA, LUIS ALVES, CERLEI, TEXTIL DE MINDELO, MAKO JEANS, GUIFIL, FRAMA, MIDA, PINHEIRO e outros exemplos.

Muitas destas empresas foram criadas por génios, que no seu tempo chegaram a ser idolatrados, mas não souberam dar-lhe o sopro da continuidade.

Todas têm um denominador comum. Não delegaram a tempo e horas a gestão nos mais capazes e competentes, porque os líderes, na maioria dos casos fundadores, só acreditavam neles próprios. Outros aceitaram que só exclusivamente a família é que devia fazer a gestão da empresa, mesmo sem competências para tal.

O saber delegar e acreditar nas novas gerações para serem continuadores em liderança direta dos negócios familiares, não pode ser deixado ao acaso.

A educação, o desenvolvimento do talento e o investimento no conhecimento transversal e universal é muito importante para que quando a oportunidade chega a passagem da estafeta na empresa se faça com o redobrar do valor a empreender para o futuro, gerando-se um crédito anímico nas pessoas que trabalham na empresa.

Quando a velha geração que está em fim de ciclo de vida de administração dos negócios não dá oportunidade às novas gerações, só acredita em si própria, quando isto acontece, já sentenciaram a morte das suas empresas, que morrerão com eles.

Conheci empresários que nunca deram oportunidade aos mais novos, nunca se preocuparam com a sua formação e sempre evidenciaram perante terceiros desconfiança e descrédito nos seus vindouros para com os negócios da família.

Se tinham razão, as empresas derraparam, mas a sentença foi ditada por eles mesmos; fim do ciclo empresarial familiar.

Será que em algum momento tiveram essa reflexão e arrependimento?

Os cemitérios empresariais estão cheios destas histórias.

Não somos contra as empresas familiares, mas deve-se ter os princípios empresariais da governação e da gestão bem claros e bem definidos, separando a família e a capacidade de gerir a empresa.

A gestão é por competência. E se não houver competências na família, então esta deve ser entregue a profissionais fora do círculo familiar. A família deve fazer-se representar nas assembleias gerais, a defender o seu património e a exigir rendimento da empresa, pela idoneidade na gestão e esta pela competitividade. A família será então accionista, competindo aos profissionais a gestão.

Nada tão claro como isto. É uma virtude os mais velhos saberem preparar e delegar nas novas gerações, pela confiança e competência, e verem "árvores novas e tenras a ficarem adultas" e dar suporte e continuidade aos mais velhos, que já não podem trabalhar. Este é o ciclo da vida e o respeito que é exigido pelo património criado também tem de ser respeitado pelas gerações mais velhas, até porque uma empresa também é um bem social, que envolve respeito e responsabilidade simultânea com o presente e com a continuidade futura.

O PRINCÍPIO DA CONTINUIDADE DE UMA EMPRESA SÓ PELA SUCESSÃO, TEM SIDO EM MUITOS CASOS A CAUSA DO DESAPARECIMENTO DE MUITAS EMPRESAS.

CAPÍTULO IV

CRIAÇÃO DA EMPRESA

"Tudo o que um sonho precisa para serrealizado é alguém que
acredite que este possa ser realizado"
ROBERTO SHINYASHIKI

"O sucesso é ir de fracasso em fracasso
sem perder entusiasmo"
WINSTON CHURCHILL

O impulso empreendedor de pensar EU SOU CAPAZ, da materialização de um sonho de criar uma empresa, deve ter um acolhimento facilitador, como já acontece na formação da empresa na hora. Foi, com efeito, uma excelente medida o "simplex", que, não obstante ter necessidade de ajustamentos dinâmicos, veio ajudar em muito a iniciação empresarial. Pena é que não se tenha oficializado, em continuidade e em desenvolvimento permanente, este "movimento" contra a complexidade burocrática e excesso de regulamentação, que atrapalha a produtividade e a gestão do elemento escasso que é o "tempo".

Na criação de novas empresas, por vezes a impreparação de novos empresários é evidente e quanto mais bem estiverem preparados melhor actuam no futuro, pela qualidade das suas decisões. Evitar-se-iam assim muitos problemas, quer para a empresa, quer para as áreas de responsabilidade exteriores à empresa.

A ideia para uma melhor formação dos novos empresários – e não só – está já exposta no capítulo I. Por outro lado, há algo novo que podemos implementar no nosso País e que não é novo em países como EUA, Canadá, Alemanha e outros. Trata-se de um programa HELP COMING, em que gestores "reformados" podem dedicar algumas horas por semana e apoiarem com a sua experiência, empresas novas e até empresas em dificuldades, numa acção de apoio às melhores práticas e visão estratégica do desenvolvimento dos negócios.

Não actuariam normalmente na execução, mas dando a sua sabedoria com a experiência acumulada de uma vida cheia de actividade.

Este programa existe, como referido, e com excelentes provas dadas pelos resultados obtidos naqueles países.

Um programa destes poderia estar inserido de forma conservadora em programas quadro comunitário pro-desenvolvimento da economia e ser uma ajuda preciosa para muitas empresas.

A criação de uma nova empresa deve ter em conta a evolução das estratégias de posicionamento em relação aos mercados, assim como a estrutura organizacional, no sentido de maximizar a produtividade e flexibilidade. A envolvente de cada empresa passa por um mundo cheio de especializações e de competências, por muitas outras empresas que oferecem transferência de *engineering*, libertando a formação de novo conhecimento em cima de outros conhecimentos e saberes. Esta transferência estabelece, pois, segmentos da cadeia de valor, por vezes de elevado potencial, que permite mais oferta na gama de produtos e serviços e mais celeridade na resposta aos mercados.

Quer estejamos perante a criação de uma nova empresa ou perante empresas existentes, as estruturas organizacionais para dar resposta aos mercados têm de ser por sistemas abertos ao exterior, sob pena de não sobreviverem.

Podemos definir melhor esta situação pela estrutura empresarial exemplificada na Figura 2. A estrutura é completamente abrangente, com a componente "manufactura" fraccionada, podendo ser alimentada em *outsourcing*, o que permite uma resposta mais rápida. Além disso, a componente de I&D, conhecimento e ciclo de vida dos produtos tem ou deve ter destaque na organização.

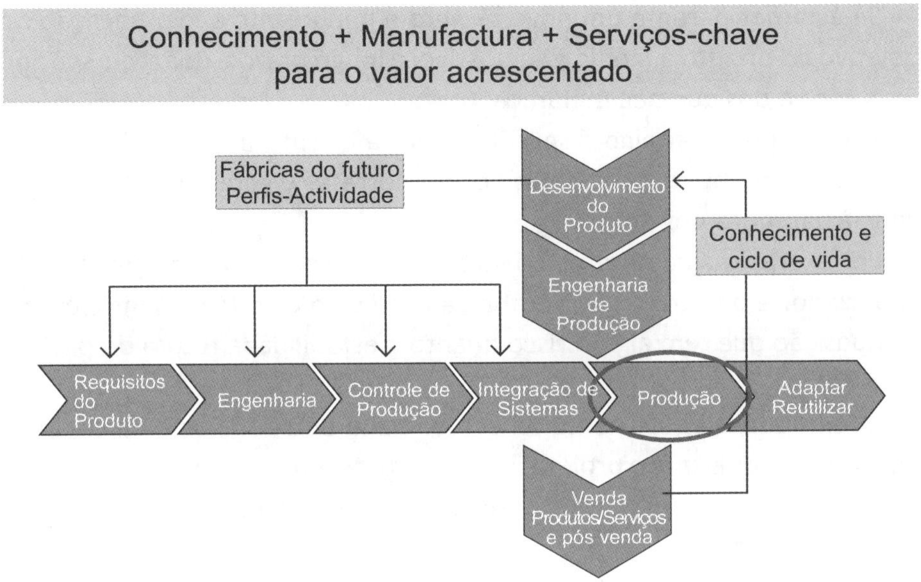

Fonte: Engelbert Westkämper
Fraunhofer IPA, Estugarda

Figura 2

Na empresa de hoje, a rapidez de resposta exige cada vez mais que a sua actuação passe a ser um somatório de segmentos de cadeia de valor, que na lógica tradicional contribuem como um custo, mas na lógica de Michael Porter cada segmento dever ser um criador de valor para o produto ou serviço final.

Esta flexibilidade e inovação nestas novas estruturas produtivas estão a marcar o sucesso de novos caminhos das empresas e novos desafios futuros.

As novas formas da organização empresarial com uma nova combinação das fontes do conhecimento da transformação/produção e do posicionamento dos serviços são o novo pulmão da competitividade empresarial.

Por tudo isto, cada vez mais as empresas são identificadas pela sua actividade, como empresas do conhecimento e em ajustamento da oferta quer dos produtos, quer dos serviços.

A criação de um novo projeto empresarial, ou a aquisição de uma empresa já existente, envolve sempre um sonho uma visão e uma atitude.

Se estamos perante um novo projeto é importante a identificação do objetivo do projeto a médio e se possível a longo prazo e dos recursos que dispomos e dos que necessitamos.

Podendo parecer algo displicente, mas a estrutura societária é muito importante ter as cautelas pelas opções corretas e geradoras de estabilidade à nascença nos projetos.

Por exemplo as empresas criadas por dois sócios quando um é socio financiador e o outro é sócio trabalhador e com o conhecimento, é uma composição que tem algum risco quanto à estabilidade futura do projeto empresarial.

Aqui o poder equilibrante da estabilidade entre sócios é difícil de se manter, à medida que o projeto cresce e as diferenças de poder dos sócios se vão alterando com a transferência desse poder, normalmente para o sócio trabalhador.

O antídoto para esta situação de algum potencial de instabilidade é por um acompanhamento de perto por todos os sócios e haver a capacidade de praticar uma excelente comunicação e lealdade que gera confiança entre eles. Será evidente que isto não é dos livros do investidor, mas tem de se ter em conta que o projeto inicial também não tem nada a ver com o projeto em curso ao fim de alguns anos.

É fundamental haver um clima de confiança total entre sócios ou entre gestores pelas boas práticas da gestão e sobretudo comunicação, porque quando assim não acontece, o projeto empresa sofre negativamente nos seus objetivos e nos resultados e com sofrimento pessoal.

Isto é uma verdade absoluta.

A CRIAÇÃO DE UM NOVO PROJETO EMPRESARIAL TEM DE ENVOLVER SEMPRE UM SONHO, UMA VISÃO E UMA VONTADE DETERMINANTE DE VENCER.

CAPÍTULO V

CRIAÇÃO DE VALOR

"A manufactura e tempo de trabalho perderam importância
para a inovação e para as tecnologias inseridas
no produto final como criadores do valor"
O AUTOR

"A economia é a arte de eleger prioridades.
A sabedoria está não em saber poupar, mas em saber escolher"
EDMUND BURKE

- **CRIAÇÃO DE VALOR PELA ACTIVIDADE**
- **CRIAÇÃO DE VALOR PELA LIDERANÇA**
- **CRIAÇÃO DE VALOR PELA NEGOCIAÇÃO**
- **CRIAÇÃO DE VALOR COMPARTILHADO**

CRIAÇÃO DE VALOR PELA ACTIVIDADE

O empresário que um dia decidiu criar uma empresa teve presente uma expectativa, entusiasmo e uma atitude permanente perante um objectivo: produzir algo com apreço e aceitação por parte de uma determinada sociedade compradora, ou seja, fazer propostas de valor, validadas pelos clientes.

O ciclo do empreendedorismo é aquele que já conhecemos e passa por comprar, transformar, acrescentar, vender e assistir, obtendo assim um diferencial positivo que corresponde à criação de valor.

O criar valor deve ser visto de uma forma muito abrangente, em que um estado de espírito positivo, criativo e de controlo é determinante para a obtenção de resultados.

Criar valor é uma atitude contínua no domínio da estratégia empresarial e das decisões que marcam a existência de uma empresa com sucesso, na qual a criação de valor ao fim de cada dia de trabalho, cada mês, cada ano, está num horizonte permanente e dominante na atitude dos líderes e em comunicação directa ou indirecta com toda a organização.

É um facto que a preocupação de gerar valor deve ser constante e transforma-se facilmente num efeito mobilizador, que permite crescimento e sustentação da produtividade.

Ao longo do meu percurso como empresário, já vi situações em empresas em que os seus líderes tinham motivações completamente desfocadas da criação de valor, como criatividade pessoal, vaidade, ostentação, filantropia, vícios pessoais, etc.

Quando assim é, não restem dúvidas, as empresas criam problemas a si próprias, a terceiros, morrem cedo, ou morrem com os empresários.

Em tudo o que fazemos, no final, deveremos fazer o exercício mental de perguntar: "Qual foi o valor que criei?" e ... refletir.

Esta pode ser, ao fim do dia, uma prática diária.

Outro posicionamento que devemos ter é a criação de valor *out*, que foi e é um conceito desde há muito desenvolvido e instituído culturalmente dentro das nossas empresas, na mobilização das pessoas, pela eficácia das suas abordagens, na transferência de conhecimento para os clientes, ou seja na passagem de valor para o exterior através dos produtos e serviços que produzimos.

Vivemos em sociedades em que a valorização dos indivíduos e dos colectivos requer cada vez mais uma personalização diferenciadora. Esta é a razão principal de muitos negócios terem estado no âmbito de um perfil B2C (Business to Consumer) e estarem hoje numa transição muito rápida para B2B (Business to Business).

Todas as famílias dos bens transaccionáveis estão neste canal do B2B com um tratamento mais recente, designado por customização.

Este conceito de criar valor no cliente alimenta toda uma estratégia correcta de customização. Ou seja, ao pensar produtos e serviços específicos para um determinado cliente, à medida das suas necessidades, podemos participar na inovação do cliente, com o objectivo adicional de lhe reduzirmos os seus custos de produção. Então, temos como resultado um clima de relações fortes com os clientes.

Criação de valor no cliente, pela nossa participação na sua inovação e na redução dos seus custos operacionais.

Este conceito configura um novo posicionamento estratégico, nos mercados, que já praticamos há algum tempo e que está associado a uma mensagem cultural interna na organização.

Quem paga o nosso salário é o cliente, porque trabalhamos exclusivamente para ele.

CRIAÇÃO DE VALOR PELA LIDERANÇA

"A liderança é a arte de obter desempenhos extraordinários de pessoas normais"
ANÓNIMO

" Mais bem aventurado é dar do que receber"
V.B. – NOVO TESTAMENTO

O exercício de liderar pessoas, numa gestão moderna, implica desafios à excelência - na capacidade de planificar, hierarquizar acções e ter a arte de levar as pessoas a darem o seu melhor, para atingir os objectivos propostos.

Assim, na criação de valor pela liderança, os objectivos têm de estar sempre orientados para os resultados.

Alguém, também disse que liderar é pelo acreditar e fazer os outros acreditar.

Muitos de nós, que assumimos o papel de líderes, temos uma necessidade permanente de auto-aperfeiçoamento da nossa capacidade de liderança porque é uma arte que acumula e exige conhecimento além de uma vocação de liderar indivíduos ou grupos em que as expectativas e exigências estão cada vez mais sublimadas.

Uma actuação correcta do líder gera e maximiza valor, mas se a sua função não for correcta e exemplar, destrói rapidamente valor, sendo o tempo de queda das organizações muito mais rápido e erosivo do que se pode superficialmente julgar.

No passado recente, muitos líderes entenderam que ao seu estatuto tinham de associar falar em voz alta – gritar até! – e difundir coacção psicológica no ambiente.

Hoje sabe-se pela psicologia laboral que esse feito pretendido gera resultados exactamente ao contrário. Os colaboradores liderados ficam tolhidos na sua liberdade criativa e confinam a sua actuação reduzida à execução para não "irritarem o chefe". Este modelo de liderar não cria valor, antes **destrói valor**, porque a participação criativa e inovadora, a espontânea, é eliminada. Com efeito, não se trabalha para criar valor, antes e somente para evitar "confrontações" ou conflitos e trabalha-se pela "tarefa".

O líder tem responsabilidade na escolha das pessoas, porque tem de ter "as pessoas certas nos lugares certos".

É um problema para o líder se trabalha com pessoas erradas.

Por vezes não adianta ser contranatura ...

A liderança é uma arte, mas é do interior da pessoa que tem de vir a capacidade de concentração e análise rápida das situações, assim como o poder de decisão pela valorização das componentes positivas e não pelo gerar medo junto das pessoas, colocando-as muitas vezes em julgamento público.

O poder persuasivo na comunicação é muito importante.

A liderança, sendo uma arte, deve ser também alimentada por uma formação cuidada para com os diferentes níveis de solicitação.

Líder é alguém que, pela responsabilidade das suas decisões, deve ter uma formação actualizante e mobilizadora.

Quando vemos empresas a progredirem, instituições e organismos públicos a destacarem-se pelo impacto das suas intervenções no seu objecto, a nossa reacção automática, curiosidade natural, é saber quem lidera. Contudo, é evidente e também automático, que isso também acontece pela negativa.

É um facto que uma boa liderança cria sempre valor para as organizações e para as pessoas.

Ser líder hoje numa organização, cada vez mais envolve uma outra responsabilidade, em que o exemplo é determinante para o sucesso dessa liderança.

Cada vez mais liderar é servir e servir é dar, que passa por criar as condições para tornar tudo melhor à sua volta, muitas vezes sem esperar reconhecimento, em que ao dar maximiza valor ao dar com emoção.

A partir daqui podemos entrar no campo da Inteligência Emocional.

CRIAÇÃO DE VALOR PELA NEGOCIAÇÃO

"A tolerância, mais do que uma virtude, é um princípio de negociar"
David B. Schwantes

Comprar ou vender ... porque não NEGOCIAR?

Alguém definiu NEGOCIAR como uma acção activa e criativa entre duas ou mais partes para estabelecer ou alterar relações já existentes, e acordar termos de conduta futura para se chegar a um acordo de objectivos a atingir, num plano de satisfação para todas as partes, no cenário específico da negociação.

A negociação não é um fim em si mesmo, mas um meio fundamental para o êxito de resultados esperados ou não, quer comerciais, financeiros, reguladores, sociais ou outros.

Acrescentar ou defender valor do que temos ou do que somos está sempre equacionado por algo para se negociar. Nas empresas temos sempre fluxos de valor em mobilidade e transferência. Líderes e gestores têm de tomar todos os dias decisões de forma a criar valor dentro da empresa.

Criar valor pela negociação é um espaço de trabalho em múltiplas áreas da empresa, de líderes e gestores, e de forma alguma deve ser tratado somente e simplesmente como "bom senso".

Importa ter pessoas preparadas para negociar e no fundo acrescentar valor é criar capacidade para nos desenvolvermos por acréscimo.

A **negociação** é, assim, uma disciplina profissional e como tal deve ser aprendida e desenvolvida por aprendizagem em técnicas, estratégia e táticas.

A negociação faz-se num cenário entre duas ou mais partes, em que se podem e devem exercer os poderes de cada um, sempre com o objetivo final em vista.

Os elementos da negociação são os participantes, as pessoas, os temas a negociar, interesses e os objetivos a atingir.

Numa empresa existem diversos cenários de negociação permanente, como área financeira, área de aprovisionamentos correntes, consumíveis, aquisição de equipamentos, commodities, etc.

O sucesso numa negociação será quando ambas as partes ou todos os atores da negociação sentem que atingiram os seus objetivos.

Quando numa empresa alguém está a negociar e não domina o conhecimento completo dos elementos de negociação, normalmente prejudica o resultado final. Isto é visível em áreas como as compras a negociar produtos na base do preço e desvalorizando a informação e conhecimento da área do destino desse produto. Acontece muitas vezes tal situação, gerando prejuízo material e falta de confiança entre as pessoas responsáveis.

CRIAÇÃO PELO VALOR COMPARTILHADO

"Somos a memória que temos e a responsabilidade que assumimos"
José Saramago

Há uma pressão crescente para a responsabilidade social das empresas. Temos assistido a uma abordagem, surgida nas últimas décadas, mas já ultrapassada, que se limitava a optimizar os desempenhos financeiros a curto prazo, ignorando o que se passava fora dos meios da empresa.

Hoje, caminha-se para uma redefinição do gerar e partilhar o valor criado a que se chama "valor compartilhado". Este conceito traduz-se não só numa visão de lucro, mas numa intervenção com as necessidades técnicas, específicas e nominativas da sociedade civil à sua volta.

O contrário está evidente a todos nós, pela existência de empresas com elevados lucros, com processos de gestão da produtividade com origem na forte automação, a todos os níveis, e que resulta na redução de postos de trabalho, no jogo da competitividade.

Cabe perguntar se este lucro da actividade com alta rentabilidade não deve estar indexado ao chamado valor compartilhado, em contra-efeito com os despedimentos, mas pelo efeito da criação de emprego?

Estou certo de que a criação do valor compartilhado será, como defende Michael Porter, uma evolução natural nas sociedades como um todo. Deve haver um fomento de políticas pró-transformação de conceitos e valores que interagem entre a economia das empresas e a sociedade, em que aquilo que um dá e o outro recebe retribui com sustentabilidade para o modelo social. Isto tem repercussões directas na qualidade de vida das pessoas, que são as mesmas que trabalham e vivem nas empresas.

É natural que se adeqúem novos desafios à sustentabilidade das sociedades, devido a novos fluxos do valor criado na economia. Porém, a vida no interior das organizações de trabalho também tem de se ajustar à mobilidade e à flexibilidade. As pessoas no seu posto de trabalho têm de ser as primeiras responsáveis a defendê-lo. Esta defesa do posto de trabalho deve ser feita pela dedicação e pela auto-responsabilidade nas suas funções e não desvalorizando o empregador e os colegas só porque há uma legislação que protege o posto de trabalho.

Este novo conceito é um lançamento para a discussão do modelo social, em combinação com a economia real, em que algo tem de ser feito numa sociedade cheia de contrastes. Como é possível ter empresas altamente produtivas e geradoras de valor, ao mesmo tempo que não temos resposta para o desemprego da população activa, que está acima de valores dramáticos, em particular no caso dos jovens?

Caberá perguntar, será que o capitalismo não necessita de reforma sob princípios de mais partilha responsável e menos regulamentação para a economia real?

Assim, o que está em causa não é apenas criação de valor para o accionista, mas sim fazê-lo num contexto de equilíbrio social e de partilha com os *stakeholders,* ativos e passivos.

A CRIAÇÃO DE VALOR,
PARA O ACIONISTA,
DEVE SER FEITA
NO SENTIDO
DE PARTILHA,
RESPONSABILIDADE
E EQUILÍBRIO SOCIAL.

CAPÍTULO VI

ESTRATÉGIA SUSTENTADA POR TRIPLA ALAVANCAGEM

"Se não tiver uma visão de futuro, está condenado a viver eternamente a repetição do passado"
A.R. BERNARD

"Quando se navega sem destino, nenhum vento é favorável"
LUCIUS ANNAEUS SENECA

- **INOVAÇÃO ↔ CRIATIVIDADE**
- **QUALIDADE ↔ MELHORIA CONTINUA**
- **EXPORTAÇÕES ↔ INTERNACIONALIZAÇÃO**

INTRODUÇÃO

Se lhe perguntassem para onde vai com a sua empresa, estaria pronto a responder com convicção?

De facto, o futuro, como diz o povo, a Deus pertence, mas ninguém se pode esquecer de que somos responsáveis pelas nossas decisões ou indecisões e por preparar o futuro.

Nada pior para uma empresa do que não ter uma estratégia para o futuro sem saber para onde vai e sem previsão do que lhe possa acontecer.

A todo o momento há alterações das variáveis que nos rodeiam, quer seja na nossa vida pessoal e profissional, quer seja na vida das empresas.

A alteração dos comportamentos dos mercados, por força de opções dos grandes *players* concorrenciais, das autoridades locais ou dos consumidores - por factores como, proteccionismo, criatividade e inovação, moda-cultura, moda-arte, eventos político-militares ou político-económicos - assumem, por vezes, alterações bruscas e até agressivas para com os exportadores ou recém-investidores nesses mercados.

Uma empresa deve saber fazer as opções correctas, bem avaliadas, para ir para um ou mais mercados. Será o resultado de uma cultura interna dinamizadora de crescimento, pela inovação, pela qualidade como integrantes de cultura transversal na organização e pela ambição e visão estratégica ganham-se novos mercados onde se irá reforçar a sustentabilidade do projecto empresarial (ver Figura 3).

Vender para lá
Estar lá

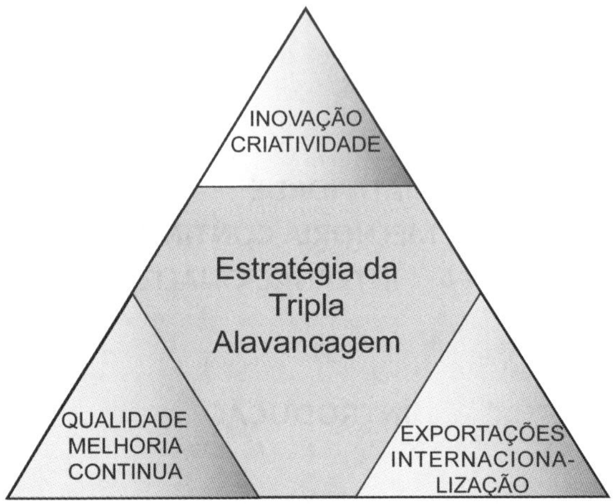

Figura 3

É normal cada empresa ter o seu plano estratégico integrado no seu plano geral a três anos, com um trabalho de ajustamento e controlo sistemático semestral ou anual.

O mais importante é saber para onde queremos ir e a partir desse ponto ver os recursos que temos e quais os de que necessitamos, humanos, meios financeiros, tecnologias e conhecimento.

INOVAÇÃO ↔ CRIATIVIDADE

Primeiro vértice do triângulo da alavancagem

Nunca, como nos últimos anos, se falou tanto em inovação.

Luís Mira Amaral revela a importância da inovação, "como sendo a única vantagem competitiva que uma empresa pode disfrutar sustentadamente, é o seu processo de inovação.

Um novo produto ou um novo processo são facilmente replicáveis pela concorrência, mas um sistema de inovação numa organização é difícil de replicar.

Na implementação de um sistema organizado de inovação na cadeia de criação de valor de uma organização empresarial, que pode ser mais do que uma empresa, temos basicamente dois modelos:

O modelo STI (science, technology and innovation) que segue a sequência linear ciência-tecnologia-inovação, em que aqueles que o seguem pensam que a inovação está apenas dentro das paredes dos laboratórios.

O modelo DUI (learning by doing, using and interacting), que representa uma aprendizagem baseada na observação do mercado, na promoção de redes com os *stackholders* (fornecedores e clientes) e na criatividade e participação dos recursos humanos da organização".

Por se falar e escrever tanto sobre inovação , pode-se criar uma habituação que leve decisores a subvalorizar a sua acção neste campo importantíssimo da gestão e sobretudo da estratégia.

Assim, uma definição simples diz-nos que **inovação** é tudo quanto é novo em relação a algo já existente e se aplica tanto à forma de comunicar como a novos processos, novos produtos, novos procedimentos, etc.

Inovação tecnológica é um termo composto e muito usado para as áreas produtivas aplicadas à inovação nos processos produtivos, com novos sistemas de *software*, novas automações e, na área do produto, a novos produtos ou serviços com características diferenciadoras em relação à concorrência e mais atractivos para o cliente final.

Como diz o Miguel Cruz, "a inovação é o cerne da capacidade competitiva das empresas", ou pelo meu amigo, que já não está entre nós, Diogo Vasconcelos "só a inovação garante aumentos significativos de produtividade".

De facto, é pela inovação, sobre o "como e o quê", que produzimos, que obtemos poder pela diferenciação em relação à nossa atividade e ao posicionamento da nossa concorrência nos mercados.

É sobre o processo e sua melhoria que podemos obter redução de custos da produção e melhorar a qualidade, o que nos permite ter mais margem financeira e responder a novos mercados, enfrentando, consequentemente, novos custos ou maior capacidade competitiva pelo preço.

A inovação sobre os produtos tem normalmente um impacto forte nos mercados, pelo despertar dos clientes para a novidade, até pelo preço, mas internamente, na empresa, a inovação sobre os produtos tem de estar integrada em toda a cadeia interna de criação de valor, porque não está em causa somente um produto novo com novas características para os mercados.

As rotinas diárias e a repetição são fomentadoras de uma cultura anti-inovação. Estas são geradoras de bloqueios, tédio e até de esquecimento.

Comportamentos de normalidade geram redução de valor nos indivíduos, nas sociedades e nas nações.

"A inovação está integrada num triângulo do conhecimento", como diz Mira Amaral (Figura 4), o mesmo só se desenvolve com sustentabilidade por uma articulação adequada.

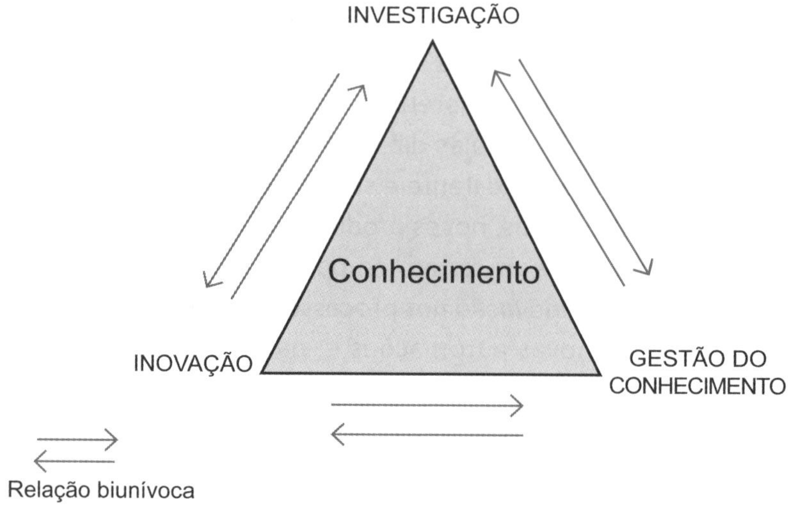

Figura 4

Em que

Investigação – investe-se recursos para criar conhecimento

Inovação – utiliza-se conhecimento para criar valor com impacto económico e social para os utilizadores

Gestão do conhecimento – processo pelo qual o conhecimento é criado, adquirido, partilhado e gerido na organização.

É através da aprendizagem que uma organização é capaz de aumentar a profundidade e a diversidade da sua base de conhecimento.

Por outro lado, o projecto, com ou sem integração de design de um novo produto, tem de ter em atenção as tecnologias disponíveis na produção, na forma, na logística, no transporte interno e armazenamento, na sua montagem, assim como com o fim de vida do produto, temos de prever a sua reutilização ou reciclagem, isto numa cultura e prática de gestão do S.G. Qualidade, cada vez mais, sob os princípios da economia circular.

Actualmente, inovar em novos produtos é um processo articulado em múltiplas áreas, que vai desde o projeto, desenho, produção até à sua gestão do pós-fim de vida, em que o cliente final só dá conta de uma coisa: é unicamente um produto novo e inovador.

QUALIDADE ↔ MELHORIA CONTINUA

Segundo vértice do triângulo da alavancagem

Na década de 80 as empresas voltaram-se para a implementação, nas suas organizações, do sistema de gestão de qualidade (SGQ). O então ministro da Indústria, eng.º Mira Amaral, colocou este desafio às empresas, criando todas as condições para esta revolução silenciosa, cujos resultados estão bem à vista no País, pelo aumento significativo da competitividade das empresas.

Desde cedo se tornou uma pequena "tortura" pela mudança de hábitos e introdução de procedimentos novos ao abrigo do juízo sistemático dos auditores materializado nas "NÃO CONFORMIDADES" ou, depois, no "CONFORME".

As primeiras empresas certificadas, apoiadas pelos Programas-Quadro de Desenvolvimento para o País, cedo se transformaram em motivo de vaidade passiva do que "eu já estou certificado e tu não estás", mas sempre com um olhar desconfiado para a implementação e manutenção do sistema. Porquê? – Simplesmente pela ideia que se formava do excesso de zelo que os auditores introduziam nas empresas, pondo em causa tudo e todos, por um estado interpretativo perfeccionista de algo novo, que ficará para a história contar. Mas se havia excesso de zelo pela novidade, por outro lado todos se esqueciam de que a implementação de um SGQ era para tornar a empresa mais produtiva, por uma nova cultura de fazer bem e se possível fazer sempre bem à primeira. Esta "filosofia" traduz-se na prática por reduzir os custos do "erro" a zero e melhorar em tudo o que é actividade da empresa, de forma que a qualidade sobre o processo, produto ou serviço que produzimos seja um subconjunto de uma cultura da qualidade total, que resultará, na empresa, no aumento da sua competitividade final.

O conceito de qualidade é tão abrangente que tem evoluído absorvendo todos os outros factores da actividade das empresas, em que integridade, valores, ambiente, inovação, energias e responsabilidade perante a sociedade estão todos interligados debaixo deste grande guarda-chuva.

Caminhamos assim para a "verdadeira" qualidade total.

Hoje, temos um menu de certificações para a gestão das diferentes actividades, que já dá que fazer nas empresas, mas que as mesmas não podem prescindir.

Ainda debaixo deste grande guarda-chuva também podemos dizer que qualidade é a forma correcta, honesta, responsável como tratamos os nossos colaboradores, clientes, fornecedores e demais *stakeholders*.

Qualidade é uma palavra universal e simples que na empresa nos leva ao pódio da vitória ou do sofrimento, mas também de novos desafios.

É uma palavra mágica que deve estar na cultura de todos os colaboradores, a todos os níveis e incorporada na Missão, Visão e Valores da Empresa, tal como o *Balance Scorecard*.

EXPORTAÇÕES ↔ INTERNACIONALIZAÇÃO

Terceiro vértice do triângulo da alavancagem

A minha actividade empresarial a 100% começou em 1978, mas já tinha, nessa altura, um passado profissional, sempre a trabalhar em empresas com forte componente exportadora, num perfil de negócio que se designou, mais tarde, como "customizado" e que hoje já tem o termo aportuguesado de "customização". Quer isto dizer produção de algo personalizado e praticamente exclusivo para o cliente, uma vez que é à medida exacta das suas necessidades e do seu desenvolvimento esperado. É o reino do B2B que falaremos mais à frente.

Podemos dizer que customização é o inverso de produção em massa, também designada de "manufactura tayloriana".

No limite, a customização leva-nos ao *marketing one-to-one*, em que cada cliente é um segmento do mercado.

Serve isto tudo para se manifestar aqui sensibilidade para o valor estratégico deste tema e importância para a economia do nosso País, pelas exportações.

Pelo facto de Portugal ser um mercado pequeno, em particular para os produtos e serviços dos bens transaccionáveis, e em especial os de alto valor acrescentado, o mercado externo é vital e muito relevante para as nossas empresas. Por outro lado, sendo nós um país pequeno, a procura mundial é quase infinita.

Com os comportamentos de crises cíclicas, o choque é mais sentido nas empresas que têm espaços pequenos de mercado, como o mercado nacional.

Daí a necessidade estratégica de encontrar novos mercados.

É grande a recetividade e o potencial das empresas nacionais para reforçarem a sua estratégia na procura de novos mercados, sobretudo fora da Europa. Os números das exportações já apontam a passagem da fasquia de 45% do PIB e estamos certos de que, com políticas ajustadas ao crescimento da indústria, dos bens e serviços transacionáveis, Portugal terá condições para as suas exportações se situem acima de 60% do PIB.

Se na prática exportar é vender para fora do nosso mercado interno, é satisfazer a procura noutros países tidos como exteriores, internacionalizar é uma acção muito mais completa, que implica que além de vender "para lá", significa também vender por "estar lá" ou ter formas de cooperação com outras empresas locais que permitam sustentar exportações.

Na internacionalização não há modelos pré-estabelecidos que nos garantam 100% de sucesso nos mercados externos. Cada caso é um caso de oportunidade diferente. Cada mercado, depois do seu potencial e características estarem bem identificados, o modelo de sustentar exportações ou de identificar o nível de investimento industrial ou comercial que queremos fazer, depende de um estudo e aconselhamento a ser feito.

Internacionalização é, de facto, um vértice do triângulo da alavancagem da vida de uma empresa.

Os conceitos básicos deste livro são muito importantes na gestão estratégica para os mercados e em particular para os mercados externos.

O bom senso é uma variável a ter em conta na gestão de toda esta vasta área, em que fatores de relacionamento pessoal são geradores facilmente do sucesso ou insucesso da estratégia estabelecida.

Em capítulos seguintes veremos os cuidados a colocar nesta estratégia que envolve também riscos, mas que o sucesso dá um sabor de vitória a toda equipa e um orgulho muito especial. Este orgulho resulta de se conseguir ganhar mercados por atitude, ousadia, determinação, persistência na criação de valor, na forma de novos embaixadores ou representantes de um Portugal activo e inovador, no mercado global.

NADA PIOR PARA UMA EMPRESA POR NÃO TER UMA ESTRATÉGIA SEM SABER PARA ONDE VAI E SEM PREVISÃO DO QUE PODE ACONTECER.

CAPÍTULO VII

INTEGRAÇÃO NAS CADEIAS DE VALOR NAS GRANDES EMPRESAS E MULTINACIONAIS

"Um negócio que não produz nada além do dinheiro é um negócio pobre"

HENRY FORD

CADEIA DE VALOR DAS EMPRESAS A MONTANTE, JUSANTE E GLOBAIS

Nos últimos 50 anos, assistimos a múltiplas "mutilações" nas linhas de fabrico de produção industrial de grandes empresas, que viveram até aí sob o conceito de fabrico total, para aquilo que hoje chamamos *layouts* abertos à integração de parcerias de criação de valor, gerado no exterior.

Os novos requisitos dos mercados impõem às empresas estratégias cada vez mais inovadoras, de forma a, por exemplo, chegarem mais rápido aos mercados e sempre com novos produtos. Isto levou à fragmentação das linhas de produção, levando a que em muitos pontos o espaço ocupado por meios de produção em células ou minifábricas sido substituídos por micro-espaços de montagem de responsabilidade contratual por um parceiro externo, que se encontra a montante e integra valor nessa cadeia de produção.

A participação de PMEs na cadeia de valor de grandes empresas e globais (casos mais usuais) acontece não somente ao nível da simples subcontratação, mas cada vez mais na engenharia de soluções, pedidas com forte suporte em conhecimento tecnológico e especialização. Conhecimento esse que tem origem na procura dos mercados, ou até, muitas vezes, na iniciativa de inovação da empresa final "assembladora", ou em sentido inverso a partir das PMEs ofertadas, por motivo de alta especialização.

Basta ver a evolução da indústria automóvel a nível mundial, pelo tipo de linhas de fabrico que tinha há algumas décadas, em que se fabricava a maioria dos componentes em espaços fabris integrados no mesmo complexo da empresa principal.

Hoje, uma boa parte dos componentes, ou dos subconjuntos, chega à linha de montagem (em alguns casos ainda designada por linha de fabrico), com origem em empresas parceiras, altamente especializadas naquilo que fazem, organizando-se por Kanbans para a alimentação da linha de montagem.

Uma empresa nos dias de hoje pode não ser apenas um sítio físico de produção, mas um conjunto de nós, em que cada um é um segmento da cadeia de valor, ligados por sistemas logísticos com fluxos locais e internacionais.

Estamos a assistir a uma oferta cada vez maior associada a alta especialização com forte componente de inovação, oferecida pela empresa parceira.

Este perfil de integração nas cadeias de valor em grandes empresas e globais é cada vez mais usado e é uma prática através da gestão estratégica para essas empresas "assembladoras", responsáveis pelo produto final. Isso deve-se aos novos requisitos dos mercados, à resposta mais rápida e ao tempo de vida mais curto dos produtos em oferta.

A expectativa do aparecimento de novos produtos é sempre crescente, e em ambiente de concorrência da oferta dita o tempo de vida dos produtos anteriores.

Para as PMEs, existe, hoje, a oportunidade de novas abordagens a estes mercados "cadeias de valor", abordagem essa que passa por ter capacidade de oferta de produtos, como componentes, conjuntos de componentes, pequenos equipamentos ou módulos com funções *"out"* estandardizadas e comuns a múltiplas aplicações ou *softwares* para nichos especializados, oferecendo com os mesmos, funções inovadoras que são associáveis à inovação do cliente, empresa "assembladora", em resposta às expectativas de hoje ou futuristas, do cliente final (ver Figura 5).

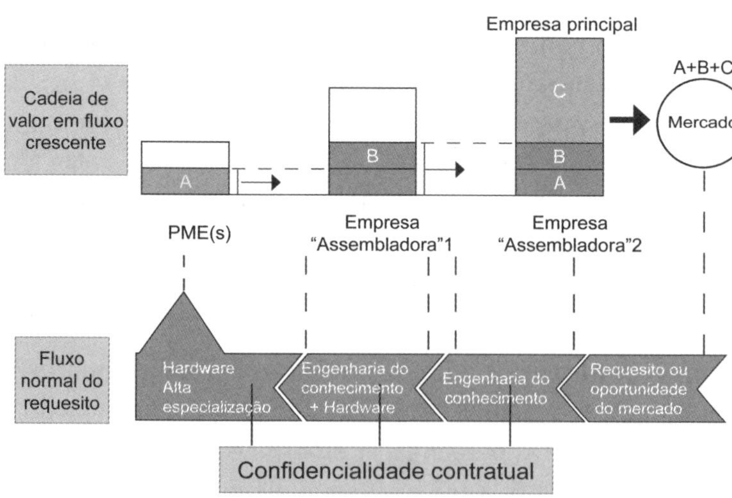

Figura 5

As características inovadoras referidas podem ser por iniciativa estratégica da PME ou ser um requisito das empresas clientes "assembladoras". Contudo, o sentido inverso da formação da cadeia de valor também é usual, mas de menor dimensão.

Nos fluxos em cadeia de valor (Figura 5), há uma transferência de elevado conhecimento, que deve estar protegido, quer na sua origem, por patentes ou mecanismos invioláveis - concentradores de tecnologia encriptada, como chips programados na origem -, assim como por contratos de confidencialidade entre todos os actores da cadeia de valor.

Há que ter em atenção que os actores não são só as empresas, porque se houver consultores externos estes também devem estar no circuito de protecção e confidencialidade. Estes são, aliás, normalmente as grandes fontes das fugas de informação do conhecimento, quando tal acontece, dentro das empresas.

Não posso deixar de evidenciar que a melhor protecção deve ser desenhada na origem, pelo controlo absoluto sobre o que os outros devem ou não saber do concentrado de conhecimento que colocamos na cadeia de valor, entre empresas.

Estes tipos de mercados são globais, pelo que a oferta deve ser muito bem cuidada, aquando da primeira abordagem, em que o efeito de demonstração tem muito valor, mas tem de haver protecção para o conhecimento. E em muitos casos assumem-se numa relação exclusiva.

Ao actuarem neste tipo de mercado, as PMEs têm de ter em atenção a logística e a sua fiabilidade, cuja responsabilidade final é muito elevada e é, normalmente, contratualizada.

Grandes oportunidades de negócio e especialização está em certas áreas em que os produtos são muitas vezes modelares por conjuntos mecânicos, eletrónicos, ou electró-mecânico, sob programação, aplicados nos mais variados produtos finais das empresas clientes "assembladoras".

As relações de oferta pela subcontratação ou por contratos de desenvolvimento de soluções especializadas na cadeia de valor, hoje não se circunscreve exclusivamente a empresas de grande dimensão, estende-se para o espaço das PMEs.

As novas estruturas empresariais evidenciam desde à cerca de duas décadas a valorização do espaço do conhecimento e dos serviços, associados ao produto de tal forma que a pratica da valorização da oferta do produto final está cada vez mais comprometida, entre empresas, qualquer que seja a sua dimensão.

É fácil hoje encontrar relações pela cadeia de valor entre PMEs-Microempresa e muito mais entre PME-PME.

ESTRUTURA EMPRESARIAIS

ANTES

Estrutura Empresarial Comum do após 2ª Guerra Mundial

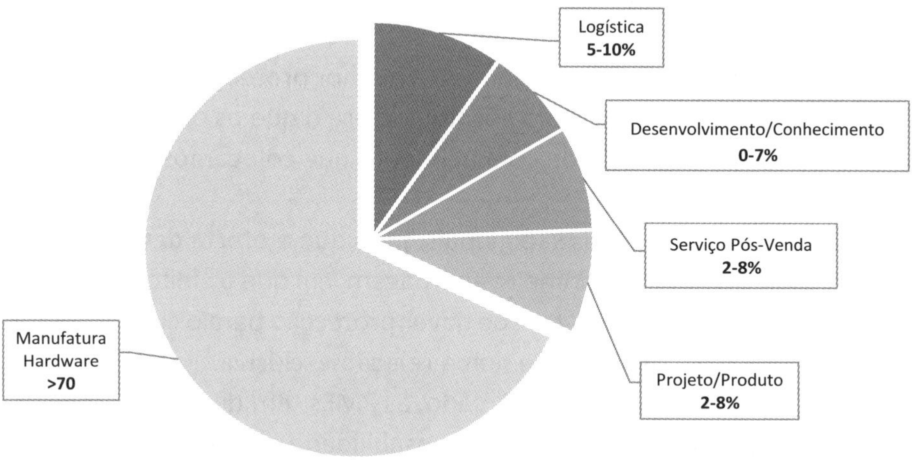

Figura 6

Estrutura cega muito lenta a detetar efeitos da concorrência e tardia a reagir à concorrência e aos mercados

HOJE

Estrutura Empresarial Moderna da Empresa,
no espaço da Indústria 4.0

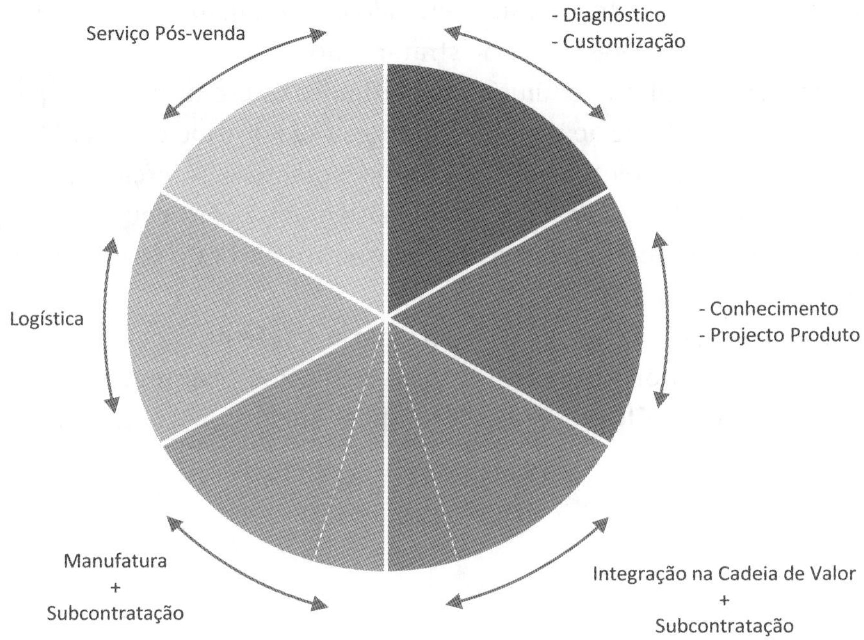

Figura 7

Empresa funcional para poder competir com resposta mais ajustada a timings e às expectativas dos mercados, pela inovação, fidelidade e proximidade ao cliente.

Novos negócios com novas estruturas emergentes baseados nas Tic(s). Exemplos:

- Startups
- Uber(s)
- Amazon(s)
- Ebay
- Alibaba
- Farfetch
- Outsystems

Com o poder de novos softwares, novos periféricos, ao computador e sob o potencial da digitalização, a integração operacional das cadeias de valor atinge uma dispersão pelas novas soluções que gera ou potencia.

Assim o espaço, o tempo, a velocidade de resposta na gestão de todo o tipo de negócios evolui para uma dispersão física de áreas operacionais e ao mesmo tempo mantendo e aumentando até pela concentração, a informação da decisão na gestão e na estratégia do topo.

Pode-se exemplificar por uma empresa Ibérica de produção de máquinas para a construção, que ao adquirir a empresa sua distribuidora na Alemanha alterou o seu projeto global, de forma a manter e reforçar o projeto, estudos e aumento da cadeia de valor na Alemanha, reforçou a produção na origem e a assistência técnica estabeleceu-a a partir do país onde tinha o seu maior mercado.

Esta estratégia está associada a uma maximização de captação de valor por uma redução dos custos e integração do mesmo e competências onde realmente existem. Chama-se a esta composição de atuação, empresa global.

...ESPAÇO, TEMPO E CAPACIDADE DE RESPOSTA ESTÃO A SER DETERMINANTES PARA O SUCESSO DAS EMPRESAS, ATRAVÉS DA SUA DISPERSÃO FÍSICA E GEOGRÁFICA, EM QUE A INTERNET COLOCOU UMA "RED CARPET".

CAPÍTULO VIII

PELA PRODUTIVIDADE, SER COMPETITIVO

"Tive sorte? Talvez, mas ninguém imagina
o trabalho que tive para ter alguma"
JORGE DE MELLO

"Produtividade é um tema de todos, em que quanto
maior é o 'cargo', maior é a responsabilidade"
O AUTOR

"Produtividade é o facho da chama olímpica empresarial, que se
transporta para a pira do estádio olímpico da competitividade"
O Autor

A produtividade de uma empresa é um somatório de coeficientes móveis que nos permitem avaliar a redução, ou não, dos custos de produção, em toda e qualquer área da actividade empresarial.

Há que ter sempre presente que é através de uma estratégia permanente, proactiva, em prol de ganhos da produtividade geral da empresa, que se conseguem níveis de competitividade comparáveis (ou desejáveis) com o exterior.

Estamos perante um processo de dentro para fora da empresa e que deve estar bem detalhado na estratégia do plano geral, o que deve estar em estado permanente de redefinição, devido aos processos de melhoria contínua em implementação.

Da década de 60 em diante, os ganhos de produtividade faziam-se sob a designação de Organização Industrial, em que a ferramenta dominante se chamava Tempos e Métodos.

O foco de produtividade era, essencialmente, no interior das empresas e em particular em áreas ligadas à produção industrial de transformação.

Tinha como conceito e objectivo a redução dos tempos para a realização de determinada tarefa e de lhe associar os meios para tal, como ferramentas auxiliares de autoposicionamento no equipamento de produção, ferramentas especiais de multicorte, dispositivos de alimentação automática e melhoria ergonómica do posto de trabalho. Tinha também uma forte influência do conceito industrial manufactureiro desse tempo, em que se valorizava o automatismo da repetitividade da execução das tarefas e se desvalorizava a criatividade e o conhecimento na execução das mesmas.

Hoje, a produtividade tem de ser vista como um grande objectivo global em toda a atividade e em particular na industrial, na Gestão de Operações e esta, como um dos vetores das ciências da gestão, tem um espaço e ferramentas de actuação completamente diferentes, dividindo-se em múltiplas disciplinas, como Kanbans, Lean, Kaizen, Organização Ergonómica dos PT, Métodos, Gestão de Fluxos, etc.

A produtividade na empresa não pode ser deixada ao acaso, de tal forma que não é difícil encontrar empresários e até gestores a responsabilizar as chefias intermédias por ausência da mesma. Isto para quem pensa assim tem um rosto: visão limitada e inconsequente.

O crescimento das Tecnologias de Informação com a especialização em todas as frentes das atividades é hoje determinante para a obtenção de ganhos da produtividade estando o mundo a viver pelo sucesso e poder inovador das mesmas, associadas a todas as frentes da digitalização, espaços novos desafiantes para a competitividade.

Produtividade é um somatório de pequenos e grandes ganhos, pela redução dos custos em **todas** as áreas da empresa que resultará na empresa ser mais ou menos competitiva.

Não se pode estar à mercê do acaso, nem se aumenta a produtividade tão-só com a chegada de equipamento tecnológico da última geração.

Recorde-se que o acesso que tivemos a um equipamento de última geração não é diferente do da nossa concorrência, que também teve esse acesso. Não será esta uma verdade absoluta?

Numa situação destas, devemos perguntar até quando temos vantagem competitiva? Talvez só por alguns dias...

Estamos perante matéria invisível, mas de criação de valor no interior das empresas, que deve ser matéria colocada com notoriedade no plano estratégico da organização, com incidência, como já referido, no plano e nos seus subplanos, sob uma determinante informação e responsabilização a todos os níveis, a começar na administração, directores gerais, lideranças intermédias e com o envolvimento de todos os colaboradores.

Produtividade é um tema de todos, em que quanto maior é o 'cargo', maior é a responsabilidade"

Nas empresas, ganhar produtividade deve ser tema permanente, num mercado global, com concorrência global, em que para ser competitivo temos de ter esta retaguarda instalada e presente em todos os cantos da empresa.

Há múltiplas ferramentas para obter ganhos de produtividade, como as TIC (Tecnologias de Informação e Comunicação), implantação de sistemas de gestão da qualidade total, práticas de melhoria contínua diária, por uma cultura Lean, associada a Kanbans, técnicas e práticas de *coaching*. Tudo isto relacionado com uma firme intenção de melhoria na gestão dos Recursos Humanos, Investigação & Desenvolvimento e Inovação em novos processos, novos produtos, manutenção preventiva e planificada, etc.

Por tudo isto se vê que quem está na frente responsável pela produtividade é a administração, ou a gestão de topo. Lamentavelmente, ainda encontramos responsáveis de empresas em dificuldade a imputarem exclusivamente os seus problemas de produtividade a factores externos à empresa ou, até, muitas vezes, aos seus colaboradores.

Recentemente, as nossas Faculdades de Gestão começaram a criar mestrados com sentido orientado para áreas não directamente produtivas nas nossas empresas. Gestão de Operações é uma das especializações da gestão de fluxos e activos, nos *layouts* industriais e outros, em que há preocupação com a redução de custos, pela simplificação de circuitos, de pessoas e produtos, reorganização dos postos de trabalho, inovação nos processos, etc.

As empresas devem dar atenção à contratação de quadros superiores com esta especialização, porque são áreas novas da gestão que prestam um excelente contributo à produtividade e competitividade.

Produtividade é o facho da chama olímpica empresarial, que se transporta para a pira do estádio olímpico da competitividade

Ser-se competitivo é o resultado da aplicação das vantagens criadas pela produtividade, no seio de toda a organização global da empresa, medível nos mercados.

Industria 4.0 – Ao serviço da Produtividade

Todas as chamadas Revoluções Industriais geraram ganhos significativos de produtividade, nas atividades económicas em favor da melhoria da qualidade de vida da humanidade.

Traduziu-se sempre simultaneamente a ganhos de qualidade de vida das sociedades, aparecimento pela criatividade e inovação de novos produtos, novos serviços e mais emprego nas sociedades e por uma redução do esforço físico das pessoas no seu trabalho.

Até ao final do século passado, tivemos um período pujante pela automação crescente nos circuitos de produção e nas comunicações e informação que permitiram ganhos tremendos da produtividade e por consequência o enriquecimento das nações.

Isto traduziu-se pela junção do conhecimento científico à produção industrial, que por sua vez despertou novas técnicas para a gestão do trabalho em todas as atividades.

Recentemente, final da primeira década deste século, com o desenvolvimento das tecnologias de informação, surgiu a integração dos múltiplos espaços de automação, que como ilhas iam proliferando nas empresas e organizações.

Esta integração permitiu uma gigante conexão nos ambientes, em particular dos industriais, com evidencia dos CYBER PHYSICAL SYSTEMS, com uma evidencia da valorização da ciência, em gerar inovação e esta a implicar a necessidade da importância da gestão do conhecimento.

Por tudo isto se iniciou a designação de estarmos perante o que se começou a chamar a 4ª Revolução Industrial.

O futuro o dirá da sustentabilidade desta designação, para com esta revolução ou sub-revolução Industrial, que pode estar ligada também a uma diferenciação tão falada por reindustrialização.

Os ganhos de produtividade indiscutivelmente são muito grandes, pelo que é um processo a implementar em cada empresa, por etapas em que requer alta qualificação dos RH, perante novos paradigmas na formação e qualificação profissional, novos equipamentos e novos sistemas de gestão.

Os resultados estão aí, grandes ganhos de produtividade, com a valorização e conetividade pela Inteligência artificial, Biotecnologia, Ciências da Vida, Engenharia Genética, Manufatura Aditiva, Impressão 3D, etc.

Em Portugal estamos em híbrido total, com forte influência da Industrialização Alemã, pelo Industry 4.0, embora com uma visão da realidade como diz Mira Amaral "há muita atividade empresarial, em que se chegarmos à Industry 3.0 já não seria mau". Sim há, grandes desafios para a nossa Indústria e para as nossas empresas tecnológicas e dos serviços de bens transacionáveis. Tudo depende da cultura empresarial, da ambição dos empresários e gestores e de ter governantes a colocarem políticas desafiantes e consistentes com ambição visionária acerca do futuro, concretizável para o país.

Em passado recente tínhamos orientações subordinadas a níveis limitados de produtividade, em função da escala e de uma produção mais ou menos massificada.

Hoje através da indústria 4.0 podemos produzir produtos complexos, personalizados para um só consumidor à unidade, a preços estáveis, com rácios de rendabilidade melhorados em ambiente de elevada rotação de capital.

O braço armado da Industry 4.0 é a digitalização das comunicações em todos os periféricos, subordinada a uma estratégia bem concertada para o projeto em si, assim como a transferência de Megadados, que permite soluções infinitas e desafiantes em atividades ligadas entre si, mas distantes até opostas na logística do planeta.

- Assim Indústria 4.0 incorpora e é integradora de:
  1) Automatização
  2) Internet das coisas
  3) Inteligência artificial

- Efeitos e resultados potenciais nas empresas, pela implementação de ambiente Indústria 4.0

RETORNO SOBRE O CAPITAL INVESTIDO

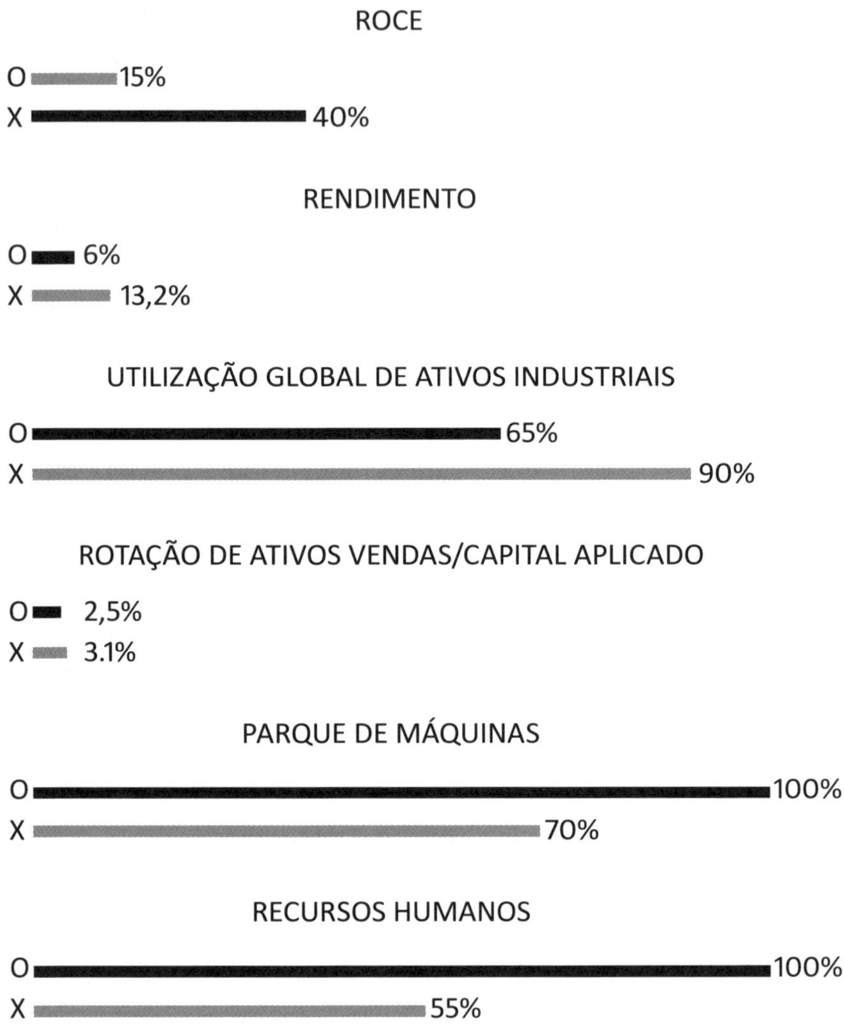

FONTE: ROLAND BERGER

O HOJE X INDUSTRIA 4.0

Todas as áreas de atividade económica e não só, irão beneficiar de toda esta potencial revolução, que na rubrica de redução de postos de trabalho no seu domínio de aplicação deve-se ter em conta também os novos perfis de carreiras profissionais, que vai criar.

A Competitividade pela Digitalização na Empresa e no Negócio

A transformação digital na empresa é um longo e permanente caminho a percorrer na estratégia da empresa.

Com as tecnologias disponíveis, transformadas em ferramentas de criação de valor em todos os horizontes de atividade da empresa, quer nos seus processos internos, quer na organização do seu negócio, a era digital é um universo em absoluto ao serviço estratégia para a produtividade.

A transformação da empresa pela era digital tem de ser o resultado de uma estratégia e de uma ação permanente que consiste na incorporação de tecnologias digitais que se alimentaram de informação nas estruturas organizacionais da empresa.

Os ambientes do impacto nos mercados globais do negócio implicam muitas vezes novos desafios, por ganhos de produtividade que ativam mudanças rápidas de tendências e novas abordagens ao cliente final, por vezes no desenvolvimento individual, ações personalizadas e racionalização de recursos.

A transformação digital é uma ação estratégica e continua que se aplica a todos os setores da economia e significa mudança, roturas e agilidade, assim com desmaterialização nos processos sempre a par com o mindset dos mercados.

Alguém já disse que a digitalização não é um destino, mas antes um caminho que se tem de percorrer, cujo destino está integrado na estratégia e soberanamente definido nos mercados e pelos comportamentos do cliente final.

No caminho da digitalização as empresas passam por vários patamares desta transformação, pelo que o sucesso e a rapidez desta implementação depende em muito do nível de recetividade desses patamares e em muito depende da vontade das lideranças.

A fase da implementação da digitalização uma empresa é todo um processo de inovação, que envolve capacitação para empresa e para as pessoas. Não basta haver uma grande determinação, mas acima de tudo, um projeto bem definido e se possível bem-aconselhado e um controlo pelos resultados.

Interessa valorizar o conceito do negócio em si, que na era que estamos a viver de digitalização é estratégico e determinante para o sucesso da empresa.

A digitalização faz-se sempre numa só direcção que é a produtividade e com o envolvimento de todos os RH da empresa.

A DIGITALIZAÇÃO
É UM CAMINHO
PERMANENTE
QUE IMPLICA
DESMATERIALIZAÇÃO
DOS PROCESSOS
RUMO À
PRODUTIVIDADE.

CAPÍTULO IX

COMPETITIVIDADE NOS MERCADOS E CONCORRÊNCIA

> "Devemos ser a mudança que queremos ver no mundo"
>
> GANDHI

• COMPETITIVIDADE NOS MERCADOS

A produtividade leva-nos à competitividade e esta, no espaço da luta nos mercados, tem um círculo sectorial que nos permite visualizar as quatro variáveis mais importantes para a maioria das áreas de negócio actuantes das empresas, em particular nas áreas comerciais.

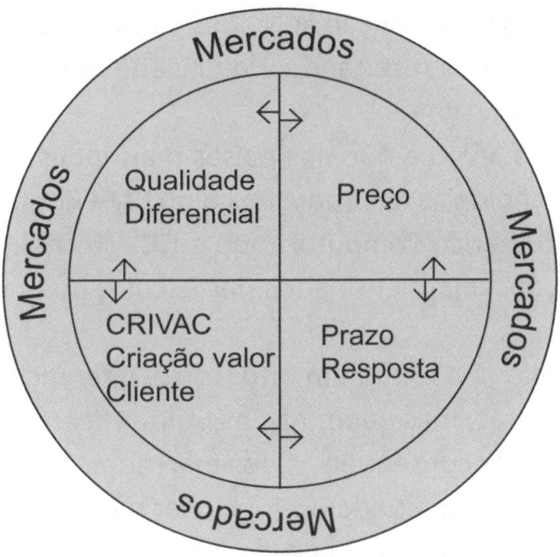

Figura 8

QUALIDADE, TEMPO DE RESPOSTA, PREÇO E CRIVAC– Estas quatro variáveis permitem o sucesso, ou o insucesso, das vendas nos mercados. Têm uma importância muito elevada, pois permitem-nos estabelecer uma estratégia e monitorizar o nível da eficácia espectável de conquista de mercados, quer em fase inicial, quer em fase mais avançada, na presença nos mercados.

Ao longo dos anos, a importância relativa entre as quatro variáveis tem tido transições, de tal forma que a mais valorizada pelo mercado hoje, não foi a mesma num passado recente.

QUALIDADE

Na década de 80 a variável pro-sucesso nas vendas era a **qualidade**, uma vez que esta era bastante heterogénea nos mercados, pois as tecnologias de produção mais avançadas eram detidas por poucos, devido também a uma elevada concentração de custo não acessível pelos investimentos, em todas as empresas concorrentes.

O custo da tecnologia criava assim, barreiras à entrada dos concorrentes.

Hoje já não é assim, a qualidade passou a ser quase um padrão de oferta nos mercados e isto deveu-se a uma banalização das tecnologias de informação e tecnologias de produção aplicadas a tudo que são equipamentos e máquinas-ferramentas resultando a qualidade em oferta muito semelhante entre os concorrentes.

Esta banalização levou a que nos países mais industrializados, conceitos básicos das tecnologias de produção como CN – Controle Numérico ou CNC – Controle Numérico Computorizado e TIC – Tecnologias de Informação e Comunicação, sejam ensinados nas escolas no ensino secundário, ou profissional.

Essas tecnologias já não são um fator forte, diferenciador da competitividade das empresas, mas quem não as utilizar ficará fora da corrida da competitividade e por consequência dos mercados.

Portugal tem hoje constituído e a funcionar como Pólo das Tecnologias de Produção, o PRODUTECH, que já agrupa cerca de uma centena de entidades associadas, na sua maioria empresas e que tem como objectivo o aumento da competitividade da indústria transformadora, dos seus sectores, em particular dos Bens de Equipamento, respectivas empresas, a divulgação e fomento de cooperação inter-empresarial das tecnologias de produção, pelo *outsourcing*, pelo aumento da cadeia de valor e projectos conjuntos.

Num espaço de desafio futuro, o PRODUTECH poderia coordenar esta formação a nível nacional, numa componente de projecto a existir pró-industrialização da economia nacional.

Caminha-se, assim, para um conceito de qualidade muito transversal, em que nos mercados a **fiabilidade** da qualidade passou a ser um patamar novo da qualidade.

PRAZO RESPOSTA

Devido ao factor evidente, personalização, uma recente característica dos mercados, associado ao conceito "exclusivo" do cliente final, desencadeou-se uma valorização da importância do **prazo de resposta**, vulgo prazo de entrega, como a variável mais importante, sobretudo para mercados exigentes e áreas de negócio de "customização" ou de sazonalidade, particularmente em B2B.

Assim, é vulgar escutar um cliente dizer, eu não me importo de pagar mais, mas não quero que falhem com o prazo de entrega.

Vivemos o mundo da personalização, que nos permite em prazo curto receber uma viatura, que, desde a cor à composição da caixa de velocidade, é de acordo com o gosto e encomenda do cliente, assim como escolher e configurar um par de sapatos com detalhes personalizados, etc., etc.

Aqui, a variável prazo de resposta é muito importante, em particular nos bens transaccionáveis, porque normalmente fazem parte de uma cadeia de produção a jusante e quando assim é existe uma alta responsabilidade, porque os nossos produtos encaixam-se *"just in time"* na cadeia de valor de produção do nosso cliente.

Nesta área, o não conseguir cumprir um prazo de resposta e não gerir adequadamente o atraso, normalmente significa, com muita probabilidade, a perda do cliente, ou a sua descontinuidade.

Preparar a empresa para responder correctamente em prazo de resposta é, efectivamente, uma arma da competitividade muito importante.

CASO – FIABILIDADE NO PRAZO DE RESPOSTA

Não nos podemos esquecer da cultura que desenvolvemos nas nossas empresas, ao ponto de o nosso prazo de entrega ser ao dia e à hora (por exemplo, sexta-feira, às 16h00), de embarque no aeroporto Sá Carneiro. Não podíamos falhar, porque na segunda-feira seguinte, às 10h00 da manhã, em Oslo, Noruega, o nosso cliente tinha de receber a sua encomenda de conjuntos de ferramentas de corte e passado uma hora tinham de estar em produção na linha do "flooring", piso flutuante.

* * *

Estes modelos de importância desta variável de prazo de resposta, são determinantes para a conquista de novos mercados.

PREÇO

Quanto ao **preço**, ele é hoje cada vez mais uma consequência de algo que já foi decidido antes pelo comprador.

Importa, no entanto, recordar que, nos mercados emergentes e perante produtos de preço unitário baixo, o preço é a variável mais importante.

As empresas devem, por isso, fugir da situação de "encurralamento pelo preço", porque significa dificuldades acrescidas todos os dias por sermos identificados com um produto ou serviço igual aos concorrentes. E como escapar a isso? Pela inovação em todas as frentes. Criando características novas nos produtos/serviços, diferenciando-se da concorrência de forma a fugir, ou permitir a quem vende fugir, do diálogo, por vezes armadilha, por algo que se deve defender que na negociação não é comparável.

Por outro lado, uma estratégia inovadora na distribuição, pode ser determinante para fugir da armadilha do preço em que o cliente normalmente adora nos presentear.

CASO – QUALIDADE – PREÇO

Um dia, ouvi alguém, líder de uma das principais empresas fabricantes de máquinas da Alemanha, dizer com muita sabedoria: "A lembrança pelo cliente do preço esfuma-se rapidamente no esquecimento, perante o perdurar da oferta da produtividade e qualidade fiáveis oferecidas diariamente e durante muitos anos pelas nossas máquinas". Aqui está num exemplo dos bens transaccionáveis, como fugir da armadilha do preço.

O posicionamento do preço como variável determinante do negócio é importante no triângulo da competitividade, mas deve perder força argumental, pelo enaltecimento da **qualidade/diferenciação**, pelo **prazo/resposta** e pela criação de valor no cliente – CRIVAC.

* * *

CRIVAC

CRIVAC – É um acrónimo criado recentemente, que quer dizer criação de valor acrescentado no cliente. Poder-se-á perguntar como?

Numa relação B2B com o cliente, o desafio é face à inovação do cliente contida no seu pedido de aquisição connosco, termos a capacidade de oferta de soluções cujo valor pode ultrapassar a expetativa do cliente, quer do processo de produção. Isto é CRIVAC.

É uma ferramenta moderna na gestão estratégica, para as áreas comerciais, particular valorização em negociação B2B e ainda mais valorizado em oferta de produtos ou serviços personalizados para cada cliente nos mercados.

O CRIVAC será a variável que mais crescimento de importância terá no futuro na apreciação dos mercados, atingindo uma próxima supremacia sobre o prazo/resposta.

A MESMA EMPRESA EXPORTADORA TRABALHA PARA DOIS MERCADOS DIFERENTES.

O valor atribuído a cada uma destas variáveis é diferente de mercado para mercado, tendo de se ter presente o esforço da adaptabilidade ao que é valorizado por estes.

Além disso, deve haver um conhecimento completo de como é feita a abordagem pela concorrência.

Assim, exemplificando através de posicionamentos da mesma empresa exportadora em dois mercados completamente diferentes temos:

EMPRESA "X"

Variáveis de abordagem a dois mercados diferentes, segundo a valorização dos mesmos.

A – Qualidade/Diferenciação
B – Preço
C – Prazo/Resposta
D – CRIVAC – Criação de Valor ao Cliente
E – Grau de dificuldade na distribuição

MERCADO I MERCADO II

Empresa exportadora

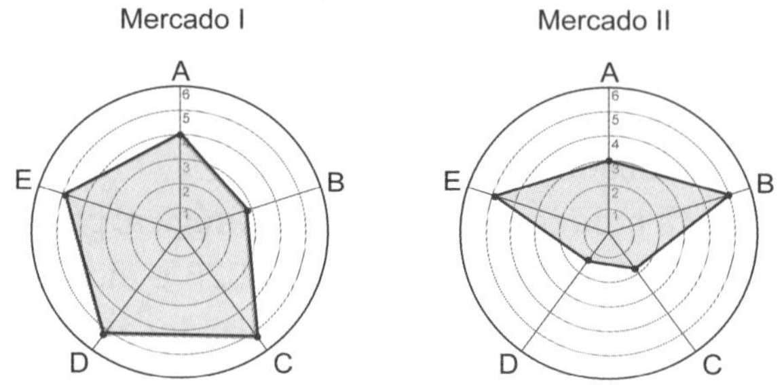

O prazo/resposta é a variável mais apreciada e o preço a mais inconsequente.

O preço é a variável mais apreciada e o CRIVAC é a mais inconsequente.

Figura 9

O comportamento no mercado I é completamente diferente do mercado II, em que se dá valor diferente à relação preço/prazo de resposta e preço/grau de dificuldades na distribuição. No mercado I podemos estimar que o cliente pode pagar mais, mas dá muita importância ao prazo de entrega. Podemos enriquecer esta análise se caracterizarmos os mercados em mais variáveis caracterizadoras dos mesmos.

CONCORRÊNCIA

Onde quer que estejamos, temos sempre à nossa volta "ruído" da nossa concorrência.

Muito se fala sobre a inovação como forma de obtermos vantagens competitivas sobre a concorrência pela diferenciação que ela pode gerar e de nos colocar em patamares não comparativos, fugindo a competir só pelo preço ou por variáveis precárias.

De facto, é muito importante que uma estrutura de comércio externo baseada nas exportações esteja valorizada e estruturada com uma marca de propriedade do exportador ou da origem. Quando uma empresa exporta sem marca, ou aceita colocar a marca do importador, é somente um subcontratado e não tem garantia de sustentabilidade do seu negócio. Na prática, pode-se considerar que em cada exportação que faz está a correr o risco de ser a ultima encomenda do cliente. Exportar ou comercializar sem marca, ou com marca de terceiros, é um jogo do gato e do rato, em que o exportador é o rato.

Na realidade, quando exportamos nestas condições estamos completamente nas mãos do cliente. Este já está habituado a ter este poder negocial e exerce-o plenamente "sem dó nem piedade", sendo ainda mais cruel quando tem a nossa concorrência a pressionar. Sobre o poder da marca falaremos mais adiante.

Utilizando uma frase da estratégia militar já conhecida, perante a acção da nossa concorrência a melhor defesa é o ataque,.

O conhecimento dos seus produtos, preços, métodos de oferta, etc., é muito importante para, a partir daí, valorizarmos as nossas vantagens diferenciadoras e as expormos ao cliente, numa forma construtiva de criar valor.

Por outro lado, em períodos de crise da economia, em geral, ou em qualquer mercado onde estamos a actuar, temos de saber enfrentar a concorrência "kamikaze", que em desespero e numa lógica de mera sobrevivência, destrói mercado, fazendo ofertas abaixo do seu preço de custo em que, no final também desaparecem como seres vivos da economia, não deixando, porém, de causar estragos nas empresas concorrentes saudáveis e que actuam de forma correcta.

Claro que é tema para as autoridades que regulam a economia.

É pena que os organismos nacionais para o controle das práticas "não"concorrenciais não tenham um papel mais eficaz em identificar estas situações dolorosas para as economias em geral.

Sobre a concorrência há muito a evidenciar com as lições que tiramos no dia-a-dia do teatro dos mercados.

CONTROLE DA INFORMAÇÃO

Nos mercados externos, as empresas tem de estar preparadas para uma luta de "guerrilha" em que não se conhecem muitas vezes os métodos mais agressivos, adoptados em situações impensáveis, contexto em que, muitas vezes, sem nos apercebermos, estamos a dar informação precisa e estratégica numa bandeja à nossa concorrência.

Informação é capital financeiro e humano. A sua gestão deve ser cuidada com muita atenção, nas empresas. Ver Cap. XVIII.

CASO – VISITAS ESTRANHAS

Senão, vejamos: em período recente nas nossas participações habituais como expositores, quer em Milão, quer em Hannover, cidades com importantíssimos parques para feiras mundiais e sectoriais, fomos confrontados com visitas bem organizadas aos nossos stands, nos quais os visitantes se apresentavam com cartões de organismos pro-desenvolvimento ligados às Nações Unidas.

Eram-nos expostos programas de compras de equipamentos e ferramentas de corte por parte destes organismos para apoio a determinados países. Solicitavam toda a informação possível (e impossível) dos nossos produtos, capacidade de resposta e de produção, etc.

Mais tarde, tivemos necessidade de cruzar informação com terceiros e verificámos que tais visitantes estavam a trabalhar para a nossa concorrência. Identificámos ainda que tinham mais do que uma origem, como empresas nossas concorrentes, associações sectoriais dos seus países ou empresas de consultoria contratadas por terceiros.

* * *

Isto faz parte do mundo da concorrência e nos espaços onde esta se move com imaginação fértil, já para não exemplificar outros níveis e métodos de actuação.

Os métodos estão sempre a evoluir e hoje há novas formas de nos abordarem, por exemplo, tirando partido das tecnologias de informação.

Dentro das empresas temos de ter os RH treinados para estes cenários, em que certificar com quem estamos a falar é o primeiro acto de diálogo, seguido da identificação do que é pretendido, aplicando-se técnicas de conversação para validar autenticidade e competências do nosso interlocutor.

Técnicas de falar muito dizendo pouco com controlo absoluto de conteúdos e de provocação devem ser dominadas pelos colaboradores que actuam nos mercados. Isto também se aplica à proteção do conhecimento. Ver capítulo XIII.

Saber ouvir e reportar, mas no diálogo dar espaço prioritário a perguntas.

A concorrência está em todo o lado e muito mais atenta ao que fazemos do que imaginamos.

Não devemos ser simplórios, mas antes estar prevenidos, porque por muito pequenos que sejamos, somos sempre foco da concorrência.

Conhecemos projectos de sucesso desenvolvidos por grandes empresas em que o berço das ideias veio de pequenas empresas e estas nada ganharam com isso.

Claro está que há aqui outra questão. A capacidade de criar é ilimitada, mas a capacidade de empreender com o que se criou já é limitada, por motivo dos meios e dos recursos disponíveis. Acautelar a propriedade industrial e intelectual tem de fazer parte da cultura sobre os activos gerados pelas empresas. Ver capítulo XIII.

CASO – INOVAÇÃO SEM PROTECÇÃO

Quando estávamos na feira de Hanover, Ligna, dedicada aos bens de equipamento para trabalhar madeira e afins, um fabricante nacional apresentou um protótipo de um torno que produzia balaústre com secção prismática variável como um quadrado ou hexágono, ou até outra forma.

A inovação era grande.

Na feira fomos visitados por muita gente admirada com a inovação.

A patente não foi tratada por causa de algo já existir nos EUA e que o dono da empresa se inspirou.

Na edição seguinte desta feira continuamos a apresentar o mesmo equipamento muito melhorado, mas a grande novidade foi a presença de uma empresa italiana que apresentou uma família de maquinas de diferentes capacidade de produção, mas todas cópia do equipamento apresentado pela primeira vez pela empresa Portuguesa.

* * *

Lição e retirar. Temos de saber proteger a propriedade industrial e intelectual e quando apresentamos as nossas ideias e produtos, em publico aos mercados.

Por outro lado é importante recomendar que ao apresentarmos um novo produto no mercado, com forte poder inovador, temos de acautelar capacidade de resposta por um mix bem dimensionado. Se a nossa resposta é forte, colocamos em guarda a concorrência, se é fraca reforçamos o apetite à concorrência, por nos derrotar com um produto copiado, ou com características semelhantes. Aqui o melhor será vender também propriedade intelectual.

A PRODUTIVIDADE
LEVA-NOS À
COMPETIVIDADE
E ESTA À LUTA
NOS MERCADOS
ONDE SE
SOBREVIVE
OU MORRE.

CAPÍTULO X

MERCADO INTERNO

PLATAFORMA DE CRESCIMENTO

"Um mar calmo nunca formou um bom marinheiro"
PROVÉRBIO INGLÊS

- **PLATAFORMA DE CRESCIMENTO E DE REFERÊNCIA PARA O MERCADO EXTERNO**

Salvo casos muito excepcionais, o mercado interno é sempre o primeiro mercado de actuação de uma empresa em que o efeito de proximidade é muito importante para a iniciação da actividade, teste ao sucesso da empresa e factor de referência para acesso ao mercado externo.

Quando um país como Portugal tem um mercado interno pequeno, para a grande maioria das empresas e em particular para as actividades de produção de bens e serviços transaccionáveis é economicamente vital que os accionistas da empresa orientem ou determinem o rumo da mesma para os mercados externos.

Muitas empresas assim o fizeram quando tiveram necessidade de expandir o seu negócio; por razões de oportunidade ou escala para ter ganhos de produtividade, tiveram também de investir em tecnologias em diferentes áreas.

Isto obrigou-as a aumentos de produção só possíveis por se instalarem em novos mercados.

Estes são alguns de muitos dos *inputs* para se darem os primeiros passos rumo às exportações.

Não restam dúvidas de que o mercado interno, para a maioria das empresas exportadoras, foi o seu mercado de lançamento de teste e de maturação, permitindo novos desafios pelo investimento na capacidade de resposta e mais ousadia geográfica.

Também há projectos empresariais cuja formação e estabelecimento no nosso país são de raiz, orientados para a exportação. Antigamente, não era difícil ver empresas deste perfil, cuja razão de ser eram os custos baixos dos recursos humanos. Actualmente, este tipo de empresa desapareceu ou assumiu a postura de "empresa camelo", como lhes chama Melo Pires, da Autoeuropa,, deslocando-se para outras paragens à procura de mão-de-obra barata, ; Rogério Martins também chama a estes investimentos tenda de beduíno.

Hoje, começamos a ver que as variáveis determinantes para empresas que se instalaram e iniciaram actividade em Portugal, mas desde logo viradas praticamente para os mercados externos, estabeleceram-se com RH qualificados, com excelentes engenheiros, economistas e gestores, pela cultura da responsabilidade pessoal, e isto com boas estruturas de logística para a movimentação rápida e competitiva de mercadorias, com efeito de proximidade usando ligações aéreas *low-cost*, tirando partido de excelentes infraestruturas tecnológicas existentes no país.

Quando uma empresa actua só no mercado nacional, mercado aberto ao exterior, os gestores devem ter a preocupação sempre presente de a organizar para níveis de produtividade competitivos, porque num mundo em globalização a concorrência está sempre a acompanhar-nos, de uma forma mais ou menos discreta e em todo espaço onde nos movimentamos.

A existência de empresas a trabalhar só no mercado interno existirá sempre, quer por projetos empresariais pouco ambiciosos, quer por um elevado potencial de concentração do mercado, quer por um negócio que se apresenta cheio de inovação que gera para a dimensão da empresa uma realização satisfatória, sem necessidade de expansão das geografias do mercado.

Por vezes a dimensão pequena ou média de empresas voltadas só para o mercado interno que se apoiam em forte importação de produtos ou serviços é geradora de novos projetos industriais, com produtos inovadores na cadeia de valor, sobre aquilo que importam.

Aqui a globalização permite muitas vezes que esta evolução seja realizada em parceria com a empresa da origem das importações e ser consequente de projetos mais ambiciosos para todos os parceiros.

Não deixa de ser evidente que a maioria das empresas que exportam ou se internacionalizam tiveram no mercado interno o seu trampolim de salto e alavancagem para os mercados externos.

OS ANALFABETOS... NÃO SÃO AQUELES QUE NÃO SABEM LER OU ESCREVER. ANTES OS INCAPAZES DE APRENDER E A APRENDER DE NOVO.

ALVIN TOFFLER

CAPÍTULO XI

MERCADOS EXTERNOS

"Planeie olhando para a frente, porque
não chovia quando Noé construiu a arca"
RICHARD CUSHING

DESAFIOS À ESCALA E SUSTENTABILIDADE

As empresas devem avançar para os mercados externos com uma visão bem nítida e com estratégia bem definida e calculada. Muitas vezes, iniciamos processos de exportação para determinado país ou região, ou para vários países pelas mais incríveis razões, mais pelo impulso pela oportunidade do que pela "sábia" decisão estratégica previamente calculada pelo estudo e planeamento.

Situações atípicas são, amiúde, apontadas como razões para entrada em determinados mercado, como sejam razões de ordem pessoal, viagens e relacionamentos pessoais e até ocasionais, que abrem caminhos de apresentação a pessoas que são a chave da abertura da porta de novos negócios e, assim, iniciar-se processos de vendas.

É recomendável que, numa empresa, todas as pessoas, em particular as que actuem nas áreas comerciais, tenham uma cultura *friendly*, através da sua forma de comunicação, quer na criação de *network* onde quer que estejam e em particular quando viajam.

Isto é uma base frutuosa para criarmos amigos, pontes para novos contactos, desafios e estarmos bem informados.

Cada vez mais, os relacionamentos de criação de valor do conhecimento fazem-se em rede de comunicação entre pessoas e isso dá-nos sempre resultados muito positivos, muitas vezes inesperados quando comparados com os resultados esperados.

Vivemos num mundo de cooperação. Quem vive só a pensar em si mesmo, de uma forma isolada, acrescenta pouco ou nenhum valor e tem "perna curta", como diz o povo.

Estamos cada vez mais na chamada **coopetição**, em que umas vezes se **coopera**, outras se **compete**.

O tempo da guerra fria nos negócios também já acabou.

Vivemos tempos em que os nossos concorrentes podem ser simultaneamente nossos fornecedores na nossa cadeia de valor, em áreas de produtos não concorrenciais. Pode, de facto, haver espaços de oportunidade para forte cooperação.

Não deixa de ser claro que também há limites, que convém definir, no interesse supremo da independência da empresa.

No passado, um concorrente era um inimigo a abater. Quando se desencadeavam disputas no mercado entre empresas que tinham políticas comerciais agressivas para com os seus concorrentes, no final dessa história estavam as duas empresas a caminhar com dificuldade e até para a sua morte.

Veja-se a história recente em Portugal de muitas empresas do mesmo ramo de actividade que se guerrearam pelos preços, pela guerrilha difamatória, pelos boatos e que desapareceram! Casos recentes de empresas de bens de equipamentos com marcas globais e bem conhecidas, sucumbiram e desapareceram por terem políticas completamente erradas e por se terem dado ao "luxo" de tratar os seus concorrentes como inimigos, com estratégias mais preocupadas com o concorrente do que com os mercados.

Para estas empresas, a linha de água não era o limite, pois viviam num clima em que se esqueciam ou desconheciam por completo onde estava a linha de água.

Os mercados externos possibilitam-nos novos espaços para o crescimento dos negócios das empresas, em que pode haver mais ambição, mais escala e onde, naturalmente, enfrentamos mais concorrência. Frise-se, porém, que em ambiente de globalização esta concorrência tem tendência a uniformizar-se, pelo menos com as grandes marcas ou grandes *players*.

Isso mesmo foi o que nos aconteceu depois de entrarmos no bloco da União Europeia (UE), com características concorrenciais semelhantes em todos os Estados-membros.

Mesmo assim, há situações em que concorrentes de maior dimensão com presença em múltiplos mercados adoptaram estratégias de perseguição à sua concorrência, às empresas mais pequenas. Esta estratégia pautava-se pela transferência de margens monetárias operacionais de outros mercados altamente rentáveis para mercados com mais concorrência em compensação de perdas estratégicas, por praticarem preços destruidores para a concorrência. Chama-se a isto "práticas de *dumping*", que são condenáveis, pois trata-se de um poder exacerbado dos mais fortes. É o poder das *holdings*, na sua vertente comercial e marketing e consolidação de interesses na estratégia particular de entrada em novos mercados.

Há solução contra este tipo de concorrência: temos de nos diferenciar rapidamente para fugir deste tipo de concorrência, esmagador e corrosivo, normalmente pelo preço e sob estratégia.

Quando temos uma estratégia para os mercados externos será bom que a empresa contemple uma táctica pela dispersão e reduza ao máximo a concentração nesses mercados. Por outro lado, as condições favoráveis de mobilidade de estabelecimento dentro da UE levam-nos, por vezes, a deixar para muito tarde a abordagem aos mercados fora da UE.

Pelas mais variadas razões, o comportamento dos mercados é sempre em harmónio, ou seja, é normal termos mercados com forte procura, outros estáveis e outros em recessão. Desse modo, uma dispersão por mais de 20 países, com 30 a 50% são fora da UE, é sempre recomendável, por existirem estes comportamentos cíclicos e inevitáveis.

Se seguirmos, de facto, uma estratégia de dispersão, com forte inovação diferenciadora nos nossos produtos, é normal termos uma resposta positiva dos mercados em recta de regressão, pois as exportações crescem de forma sustentada.

Para termos ganhos de produtividade nos *layouts* temos de investir em RH mais qualificados, em novas tecnologias, em novos equipamentos, em novos métodos. Isto resulta em maiores quantidades de unidades produzidas, para as quais temos de ter mercado. Esta é a coroa circular, sem princípio nem fim, em que todas as variáveis são consequência directa da variável anterior ou recíproca, como:

- Produto /Criatividade/Inovação,
- Custo/Quantidade/Preço
- Mercado/Distribuição/Custo

É nesta coroa circular que temos de viver e dar resposta em continuidade (Figura 8).

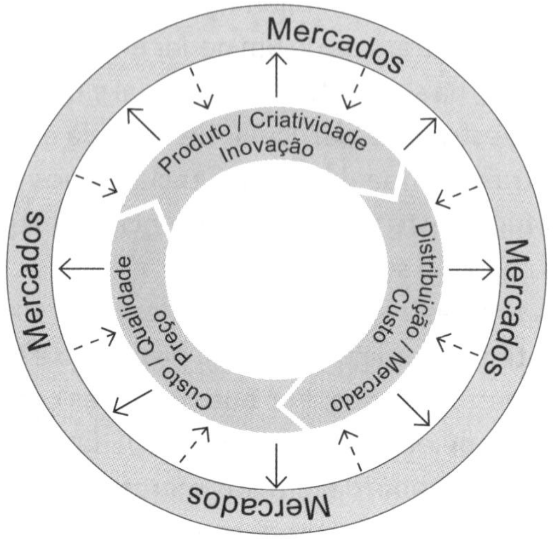

Figura 10

Por outro lado, temos como resultados indirectos, e muito importantes, a imagem do nosso país, a imagem pela nuvem da capacidade empresarial que deslocamos e do sector ou sectores a que pertencemos, a imagem de cada empresa pelo seu representante, a imagem da organização, a imagem dos líderes locais, etc.

MERCADOS EXTERNOS E SUAS ABORDAGENS

Se associarmos o conceito de mercado externo a um país, concluímos que não há mercados iguais, ou seja, as abordagens e desenvolvimento de negócios não se fazem de igual modo.

Os nossos avós deixaram-nos um adágio popular que nos ajuda a compreender esta matéria: "Na terra onde fores ter faz como vires fazer". Há diferenças que devemos considerar.

É uma primeira lição para a abordagem a um novo mercado, quer pela comunicação, apresentação das pessoas, linguagem utilizada, hábitos de convívio, forma de negociar, gestão do tempo, gestão dos resultados, procedimentos de importação, custos de importação, etc.

Há muitas formas de entrarmos nos mercados externos.

De uma forma simplista, podemos classificar as abordagens como individuais ou colectivas.

As primeiras são sempre aquelas que resultam de uma intervenção da empresa de forma isolada, muitas vezes em situações não previstas (como viajarmos ao lado de alguém no avião e obtermos informações preciosas), como resultado de marketing directo, por indicação estatística de um mercado apelativo para organizar uma visita e estabelecer contactos ou, ainda, como resultado de um estudo sobre novos mercados.

As abordagens colectivas normalmente são organizadas como missões empresariais por associações de topo, nacionais, associações sectoriais ou até regionais, ou por visitas de Estado ao nível do Presidente da Republica, do primeiro-ministro ou de outros membros do Governo, que associam à missão política uma missão empresarial.

As missões empresariais têm uma envolvente de atenções múltiplas que devem ser tidas em conta, no potencial que representam e, ao mesmo tempo, na maximização de resultados, pelo perfil de especialização de actividade das mesmas, ou seja, composição por empresas diversas, composição em *cluster* e composição sectorial.

Temos como resultados indirectos, e muito responsabilizantes, a imagem do nosso país, a já referida imagem pela nuvem empresarial que deslocamos, a imagem de cada empresa pelo seu representante na missão, a imagem da organização, etc.

O ganho ou sucesso de uma empresa que participa numa missão empresarial será obtido no novo mercado por começar a exportar ou por acordos com empresas locais de formas múltiplas de cooperação ou o início de uma estratégia própria da empresa de se instalar nesse mercado. "ESTAR LÁ" muitas vezes começa por ter um elemento residente contratado a funcionar como representante-bandeira no mercado, como quadro da própria empresa ou até independente.

Muitas missões têm sido qualificadas com a presença de empresas de consultoria e logística, que são uma mais-valia para o sucesso das mesmas.

Importa realçar que todas as missões empresariais têm elevado potencial de sucesso para todos e só por inabilidade, falta de atitude ou por impreparação é que podem aparecer resultados totalmente nulos.

Compete aos agentes organizadores das missões a preparação das mesmas, ao nível externo no(s) mercado(s)-alvo, da divulgação das missões.

O "From Portugal" deve ter o maior impacto possível através dos órgãos de informação local e nacionais, sobretudo quando são missões oficiais do Governo ou da Presidência da República, **antes e depois**.

As associações organizadoras têm de se esforçar para que a divulgação atinja as empresas associadas das suas congéneres protocoladas nesses mercados. A não ser assim, corre-se o risco de se enfrentar só como interlocutores os membros dos conselhos de administração dessas associações ou organismos públicos de lá, ficando, logo à partida, condenados pela perda de resultados, sem atingir empresas-alvo muito mais interessantes, naquele que era o objectivo.

É neste campo que deve ser evidenciada e requerida uma melhor acção pelas empresas portuguesas nas missões empresariais, de acautelarem os seus interesses.

A busca e selecção de empresas-alvo, como clientes ou parceiros potenciais, é dos trabalhos mais importantes e que compete sobretudo às empresas, fazerem **antes** da missão, como trabalho de casa. Este trabalho prévio marca o sucesso ou insucesso de uma abordagem deste tipo, quer individual quer colectiva, a um mercado.

Ninguém pense que pelo facto de se ter inscrito numa missão empresarial e pago a inscrição na mesma, tem direito a uma lista de empresas-alvo que vêm ao seu encontro para reuniões. Isso quase nunca acontece.

Esta acção deve ser preparada no mínimo com dois meses de antecedência. E como? Elaborando uma lista de potenciais interessados na oferta da empresa nacional. O processo deve, então, iniciar-se com um contacto via *e-mail* e telefone, numa angariação da atenção da empresa local para receber a empresa da missão. Muitas vezes, é difícil trazer a empresa convidada à nossa logística, ao hotel onde ficamos, mas apanhar um táxi ou alugar uma viatura é a melhor decisão, porque além de estabelecer contactos, temos a informação *in loco* dos produtos da concorrência que vamos enfrentar.

Outro ganho que as missões potenciam está entre os membros da própria missão.

É uma realidade de "quem é quem e faz o quê", na qual, muitas vezes, conhecemos situações de oferta de empresas portuguesas da nossa própria região que desconhecíamos. Ou seja, também podem surgir negócios entre os membros da missão.

Uma acção que melhora o sucesso de uma missão empresarial que pode ser desenvolvida pelo organismo organizador, ou por nós próprios, é a contratação de uma "empresa de *procurement*" ou de um gabinete especializado "lá", em que a lista de empresas-alvo deve ser bem seleccionada e permitir, antecipadamente, os contactos, com os perfis de atividade que pretendemos encontrar.

Esta opção, como é natural, tem um custo, que tem de ser analisado antes. Contudo, vale a pena porque é um trabalho com elevado valor para se obter resultados mais eficientes, em que a eficácia acaba por triunfar no sucesso das missões empresariais. Ressalve-se, porém, que isto nunca invalidará a acção directa da própria empresa, como já referido.

Um conhecimento prévio e uma preparação dos nossos RH no comércio internacional são importantíssimos para que não se cometam erros que, habitualmente, nos dão duas saídas: ou perdemos o cliente ou temos custos acrescidos que nos retiram a margem justa ao negócio e, consequentemente, a capacidade negocial.

Negociar com um potencial cliente japonês nada tem a ver com negociar com um árabe, assim como com um russo ou um alemão.

Mesmo dentro dos mercados da UE há diferenças significativas e que temos de ter muito cuidado.

No âmbito do convívio de manifestações de apreço e simpatia com os nossos clientes, é habitual a oferta de algo simbólico, mas que cativa a actuação e traduz simpatia. Importa, porém, que não haja enganos pelo desconhecimento da cultura e hábitos locais.

CASO – UM SOUVENIR NA RÚSSIA

Um dia, ao participar numa feira na Rússia em S. Petersburgo tinha oferecido um *kit* de pequenas ferramentas metálicas de higiene pessoal à secretária pessoal do nosso cliente, uma vez que esta fazia a ponte, com muita qualidade, com a nossa empresa. A secretária recebeu-o com muito agrado e quando o abriu para ver rejeitou-o de imediato, afastou-se de mim e ficou muito corada e nervosa. Procurei saber o que se passava. A explicação para atitude foi o *kit* conter uma tesoura e pequeno canivete suíço. Ora, acontece que, na tradição local, isso significava azar, morte, maldição, problemas, etc.

É de imaginar a cena desenvolvida e o mal-estar para todos, naquele momento. Provavelmente, nem as muitas desculpas pedidas não apagaram totalmente esta má imagem ao cliente.

* * *

CASO – NEGOCIAÇÃO SEM TEMPO

Numa outra participação numa feira em Milão de máquinas, equipamentos e ferramentas para madeira, um dia activo depois da feira, cerca das 13h00 quando me preparava para mais um almoço de sanduíche, recebi a visita no *stand* de dois árabes, um da Arábia Saudita e outro o seu sócio do Sudão. Convidei-os para um dos gabinetes do *stand*, onde eles rapidamente se instalaram sentando-se de pernas cruzadas sobre os tampos das cadeiras e lá começamos o nosso diálogo inicial de conhecimento mútuo, acompanhados por uma bebida não alcoólica.

Ouviram, pouco se manifestaram inicialmente, pelo que percebi que a pressa e o relógio estavam de fora em relação ao nosso melhor acolhimento. Tive de esquecer a sanduíche.

Às 15h00, resolveram orar com os seus rosários (*masbaha*) que tiveram sempre nas mãos. Continuei a apresentar o nosso programa de produtos, com detalhes em relação às aplicações, pelo que cerca das 16h30 começaram a definir o perfil de uma encomenda, com uma discussão detalhada para o preço de cada item. Cerca das 17h30, na minha mente tínhamos tudo negociado, julgando eu que estava o negócio fechado. Qual a surpresa quando um deles me diz: Agora, vamos lá negociar. Qual seria o melhor desconto para a totalidade da encomenda?

Já tinha esgotado a minha capacidade negocial de descontos às 17h30 julgando que tudo estava finalizado... Fiquei perplexo e desfalecido, porque as minhas reservas negociais estavam praticamente esgotadas. Perfilei um contra-ataque em que em negociação "não se dá nada sem contrapartida". Não utilizei a palavra NÃO como resposta, disse "Sim, mas", estivemos a "marralhar" os descontos, mas apresentei a minha contraproposta de mais 2,5% de desconto pela encomenda total com as quantidades passadas para o dobro e com a condição de confirmação imediata, da encomenda total, ali na feira.

Já tinha uma reserva de contra –taque, que veio a acontecer, mais 2,5%, o que com a discussão de fecho lá ficou em mais 5% de desconto, que foi selado com apertos de mão, com saudação no peito e pela primeira vez vi os dentes de ouro deles no meio de sorrisos rasgados.

Eram 18h30, lá nos despedimos, já o período da feira tinha terminado e lá me dirigi ao bar para tomar o meu almoço ... que considerei a melhor sanduíche que já tinha comido!

À margem desta negociação, todo o nosso pessoal de serviço nesta feira se questionava sobre o que tinha acontecido naquela tarde ao ponto de alguém ter alvitrado que me tinham convertido ao islamismo...

* * *

No meio de todo este cenário negocial há um ponto que é determinante, quando discutimos propostas com os clientes. Devemos evitar a resposta NÃO, que deve ser substituída por uma contraproposta e por usar "sim, mas" condicional, ou "compreendo, mas".

Não é recomendável que se aceite uma contra-oferta de um cliente em negociação com um directo e conclusivo SIM. Devemos associar sempre que possível uma contrapartida qualquer ao darmos o sim e fechar o negócio. Por vezes, obtém-se as melhores partes do negócio nas contrapartidas a propor ao cliente, muitas vezes sem grande valor ou custo para este, mas muito importante nas vantagens para nós.

Por tudo isto, a prática do dia-a-dia nos mercados é a melhor escola, pelo que o conteúdo negocial pelas abordagens tem de ser ajustado de mercado para mercado e isso reflectir-se-á imediatamente no nível do sucesso nos negócios em exportação.

Toda a forma de contactar com os clientes deve ter um denominador comum: deve reflectir humildade, com o cliente a sentir-se importante, conhecermos rapidamente o que o cliente pretende, se possível qual o perfil negocial do cliente, gerar liberdade para o cliente falar, etc.

É essencial adoptar uma estratégia de comunicação correcta, em que na nossa oferta deve incluir palavras-chave como:

- RAPIDEZ – Responde ao *stress* expectante do cliente
- GARANTIA – Dá tranquilidade ao cliente
- SIMPLES – Liberta o cliente. Não dá preocupações
- IMPORTANTE – Sendo importante, transmite importância a quem decide.
- AUTONOMIA – Transmite independência e criatividade.
- DIFERENTE – Quem decide também se sente diferente. Hoje ser diferente é ser exclusivo.
- NOVO – Transferência de ganhar tempo e dá segurança à decisão.

É importante, assim, trabalharmos de uma forma correcta a abordagem aos mercados externos e termos a já focada componente de diferenciação forte em relação à concorrência. Realce-se, neste ponto, que não nos podemos esquecer que esta diferenciação só será eficaz se demonstrarmos aos mercados que a diferenciação cria mais valor ao cliente, com múltiplos resultados como:

- o Qualidade acrescida e focada
- o Redução custos de produção
- o Logística melhorada
- o Melhor ajustamento desafiante do produto ao cliente

OS MERCADOS EXTERNOS SÃO O ESPAÇO NATURAL DAS NOSSAS EMPRESAS.

CAPÍTULO XII

COMO ESTAR NOS MERCADOS EXTERNOS

"O que fazemos persistentemente torna-se mais fácil,
não porque as condições se alteraram, mas sim
porque aumentou a nossa capacidade para realizar"
RALPH WALDO EMERSON

- **LICENCIAMENTO**
- **FRANCHISING**
- **EXPORTAÇÃO**
- **JOINT VENTURE**
- **INVESTIMENTO EMPRESARIAL**
- **CLIENTE FINAL**
- **INTERNET**
- **STARTUP**

A forma de actuação das empresas nos mercados externos depende do seu modelo de negócio, da sua visão estratégica sobre os mercados e da sua ambição.

Há muitos modelos de actuação e de se estabelecer, contudo, há sempre particularidades em cada negócio e aqui a inovação também tem um papel.

Estre os modelos para nos estabelecermos nos mercados temos como os mais usuais:

LICENCIAMENTO

Esta forma de negócio nos mercados externos acontece quando existe da parte da empresa emitente um grande conhecimento técnico ou tecnológico e se decide vender ou concessionar esse conhecimento.

O licenciamento é oportuno quando:

1) Há a falta de recursos para investir em simultaneidade em vários mercados externos.
2) Existem riscos elevados em certos mercados, por serem política e economicamente instáveis.
3) Existe risco de perda temporal do efeito novidade e surpresa, em mercados em que o licenciamento é potencialmente bem pago.

4) Quando esse conhecimento e tecnologias estão em ciclo de vida descendente e a mesma empresa desenvolveu algo mais competitivo e inovador e sabe que ainda há mercado para a anterior situação, mas está interessada em continuar a ter ganhos.

O licenciamento tem uma desvantagem, o risco de abrir o conhecimento a terceiros que tenham o objectivo de copiar e criar controlo e alavancagem sobre esse conhecimento.

FRANCHISING

Franchising, ou franquia, é um modelo de actividade que tem como objectivo transferir conhecimento, práticas e uso de marca sobre um determinado modelo de negócio, em que o dono da marca é o franchisador e o que recebe e desenvolve actividade o franchisado, que paga uma renda ou franquia ao primeiro na base proporcional ao desenvolvimento quantitativo do negócio.

Há múltiplas formas de compromisso entre as duas partes, normalmente por ligações fortes, como:

- fornecimento inicial de equipamento estandardizado,
- formação de RH,
- fornecimento de matérias-primas muito específicas,
- suportes para publicidade, etc.
- software de gestão de negócios específicos.

Nos negócios de exportação, é um modelo que tem de ter uma estratégia bem delineada na empresa "franchisadora", identificando bem a mobilidade dos fluxos de abastecimento e manutenção de actividade dos franchisados.

É normal que haja auditorias em processos de melhoria de actividade, formação dos RH e de controlo.

EXPORTAÇÃO

Exportação é a vulgar actividade de vender mercadoria, bens e serviços para mercados para além das nossas fronteiras, ou seja, para outros países. É uma actividade que tem como aliciante a mobilidade entre povos e o enriquecimento cultural e financeiro entre as empresas. Além disso, o desenvolvimento e confiança que se conquistam dia-a-dia pode levar-nos para novos níveis de desafios, mais ousados, transformando-se muitas vezes em viveiro de novos projectos.

Os fluxos de negócios entre empresas de dois ou mais países é sempre extremamente desafiante. O aceitar novos desafios faz-se cada vez mais em rede e em informação trabalhada sobre base de dados, disponíveis por cada parceiro.

Tendo em conta os processos burocráticos alfandegários nas importações, em cada país, os departamentos de comércio internacional devem ter um conhecimento muito abrangente da legislação de cada mercado, assim como do sistema financeiro local.

Por outro lado, o exportador tem, cada vez mais, de prestar atenção à legislação que protege quem está do lado de lá, ou seja, o importador, o agente ou outro no mercado destino, e acautelar os seus interesses em contacto com quem o representa, distribui ou importa. No caso de não ter feito contrato, tem de considerar que existe legislação local que defende quem está do lado de lá, como lei geral.

No *modus vivendi* na exportação é importantíssimo o valor e a estratégia que se deve adoptar, à necessidade de sermos competitivos nos mercados pela QUALIDADE, PRAZO RESPOSTA, PREÇO E CRIVAC.

O respeito por toda a organização da empresa, pelo cliente, tem de se situar naquilo que está a ser mais exigido pelos mercados.

Assim, a fiabilidade do relacionamento é o suporte da continuidade, em que o prazo de resposta tem uma importância fatal para o êxito, devido à "customização", que ganha cada vez mais espaço nas novas oportunidades de negócio. Segue-se o serviço após-venda, que deve ser excelente, ser bom já não chega. Uma excelente *network* nas comunicações, pergunta-resposta, resposta-confirmação, etc., com os clientes e um EMACC (Early Managment of Customers Concerns - Gestão Antecipada das Preocupações do Cliente), bem praticado pelos técnicos comerciais.

Ter uma gestão financeira eficiente na cobrança dinâmica das exportações também tem grande valor. Quando não temos essa capacidade, surge uma fonte de novos problemas.

CASO – PROTECÇÃO DO AGENTE COMERCIAL

Após termos feito a aquisição de uma pequena empresa da Catalunha, para termos acesso rápido à tecnologia que esta tinha acabado de comprar a uma empresa sueca, fomos confrontados com o formato de distribuição desta empresa no mercado espanhol e com a figura do agente distribuidor. Depois de detectarmos que havia agentes que não tinham actividade comercial connosco e estavam a trabalhar com produtos similares da concorrência, contactamo-los para reconsiderarem a sua posição e voltarem a trabalhar connosco. Houve um grupo que não voltou. Tomámos a decisão de retirá-los da nossa lista de agentes. Julgámos nos dias seguintes que estava tudo resolvido. Qual não foi o nosso espanto ao receber do advogado de uma destas empresas um pedido de indemnização, baseado numa comparticipação devido à implementação da marca e do esforço financeiro à actividade, como participações em publicidade activa e passiva da empresa representada. Tínhamos a informação, correcta, que esta empresa já nada nos comprava há três ou quatro anos, e ainda por cima comprava produtos similares à concorrência. Reclamámos, mas nada adiantou e em tribunal tivemos de chegar a acordo. Dá que pensar...

* * *

Por isso, quando se inicia actividade exportadora e damos apoio à empresa importadora - para comparticipação em despesas de publicidade, financiamento à participação em feiras, financiamento de salários de um ou mais vendedores durante algum tempo para apoiar o início da actividade ao distribuidor ou agente - devemos contratualizar tudo. O contrato deve ser feito com um advogado local que conheça a legislação e que proteja todo o nosso investimento de ajuda ao distribuidor, agente ou outro.

Assim, o evoluir das nossas sociedades de consumo para a personalização do indivíduo, do consumidor, do colectivo, transforma-se num denominador comum a que chamamos "customização" na estratégia das empresas. Esta implica redução de *stocks*, seja do que for, com elevação da importância do *just-in-time*, ou seja prazo de resposta.

Hoje, aceitamos trabalhar para mercados extremamente exigentes, com prazos de resposta com precisão, pela entrega ao dia e à hora ao transportador, quer no cais de embarque, quer no aeroporto ou ao transportador de 24 horas ou 48 horas e com o compromisso deste de chegada ao destino, também ao dia e hora.

Toda esta forma de trabalhar e produzir tem o *stress* de uma pressão adicional, com origem nas "ferramentas" da globalização.

Esta capacidade de chegarmos muito depressa e com fiabilidade (*time-to-market*) é o maior garante para vencermos nos mercados externos, em que o prazo de resposta se sobrepõe, muitas vezes, a outros factores da competitividade, como já referido.

E se considerarmos uma falha do prazo de resposta ou prazo compromisso com o cliente?

E se não lhe dermos a informação antecipada de que vamos falhar o prazo de resposta?

E se o prazo de resposta actual já é o resultado de uma falha anterior? Vamos continuar a falhar e não informamos o cliente?

Cuidado que podemos perder muitos negócios e os clientes. Por um mau tratamento podemos perder posições ganhas à concorrência com muito trabalho,. Nesses cenários, deitamos tudo a perder, pois além de perdemos o cliente, destruímos mercado que ainda é mais grave, porque as paredes nos mercados também têm ouvidos e memória.

Exportar exige muita responsabilidade organizacional a partir das lideranças. Não é só "vender para lá".

Quanto à disciplina nos recebimentos, muita atenção! É muito mais importante do que muitos julgam.

Quando não somos disciplinados a cobrar, normalmente também não somos disciplinados a pagar.

Do ponto de vista dos clientes, habitualmente isso transforma-se em direito adquirido se somos desorganizados nos pagamentos dos nossos clientes.

CASO – FALTA DE PRÁTICA DE EMACC

Tivemos um cliente da América Latina que nos reteve pagamentos durante alguns meses e nós não sabíamos porquê. Tivemos oportunidade de o visitar e qual não foi o nosso espanto quando percebo que ele se sentia prejudicado porque tinha reclamando por telefone pelo facto de a mercadoria ser transportada com destino ao porto marítimo errado, o que lhe agravava os custos de importação.

* * *

Dois erros cometidos do nosso lado.

Primeiro erro: Não aplicámos correctamente o acompanhamento EMACC e a disciplina de cobrança atempada. Sendo feita na forma e tempo correctos, o cliente teria identificado melhor o problema, justificando ainda não ter efectuado o pagamento, não tendo, assim, de assumir a posição de prejudicado e de retaliar.

Segundo erro: cometemos um erro de comunicação.

O tema foi falado ao de leve pelo telefone e em castelhano da América Latina e o gestor do mercado e do cliente não conseguiu interpretar correctamente o que se passava e repetiu o mesmo erro na encomenda seguinte.

Lição:

Pelo primeiro erro: não fomos eficazes, por antecipação, de detectar a tempo os motivos da ausência de pagamento do cliente.

Pelo segundo erro: é importante ter cuidado com o falar ao telefone, ou até pessoalmente, pois palavras leva-as o vento. O procedimento correcto é escrever, mesmo sendo em reconfirmação.

Se o problema do porto de recepção estivesse exposto num *e-mail*, tudo seria diferente.

A vida de exportador nos mercados externos está cheia de peripécias e acontecimentos, pelo que por muito que se exemplifique com casos estaremos sempre a aprender, perante novas situações.

JOINT-VENTURE

Joint-venture, ou associação de empreendimento, é uma associação entre duas ou mais empresas, tendo como interesse comum um projecto que, após a execução do mesmo, se dissolve automaticamente. Teve um grande desenvolvimento a partir da década de 1980.

Este modelo de ir para os mercados externos tem muitas vezes a composição de interesses, como a empresa externa ter tecnologias, conhecimento e *hardware* e a empresa local dominar o lobby, a logística e gestão de RH.

Quando assim é, este modelo é o mais utilizado, em particular na área da construção de infra-estruturas de grandes contratos públicos, implementados por programas de governos.

A *joint-venture* também é uma forma de internacionalizar, permitindo uma troca e fluidez de interesses em complementaridade. Exemplo disso é a transferência de tecnologia, a troco de posicionamentos residentes nos mercados e capacidade continuada de subcontratação. Quando já houve sucesso com a *joint-venture*, geram-se novas oportunidades em outras iniciativas de negócio, pelo reforço da capacidade de exportações, por novos projectos entre os parceiros.

INVESTIMENTO EMPRESARIAL

O investimento empresarial traduz-se na constituição de uma sociedade local nesse mercado externo e normalmente é consequência de uma actuação anterior: exportações para esse mercado, que permitiram a informação e desafio suficiente para se tomar a decisão de constituir uma sociedade ou melhor, **estar lá**.

O maior impulso para se decidir investir neste modelo são as oportunidades do mercado, economias de escala para a empresa investidora (também designada de empresa-mãe ou empresa-matriz), proximidades ao cliente, cadeia de fornecedores locais, existência de um potencial sócio local, com excelentes características, benefícios à entrada para as exportações, etc.

Uma questão muito pertinente que se coloca quando da decisão de investir neste modelo é se vai fazê-lo com ou sem sócios locais.

Muitos dos investimentos em novas sociedades no estrangeiro tiveram como principal elemento decisor o aparecimento de oferta ou disponibilidade de sócios para esse projecto, o que levou muitas empresas a decidir mais rapidamente avançar com o projecto.

Contudo, a decisão é complexa, sobretudo se a razão é capital para o projecto.

Em certos mercados, o risco de insucesso na escolha de sócios locais é elevado, pelo que se recomenda muita atenção na decisão com quem vamos "casar".

Quanto a este tipo de modelo, recomenda-se a criação de ferramentas de controlo muito bem pensadas, nunca abdicar desta função e logo no início da actividade estabelecer regras bem definidas para a gestão, assim como nas áreas-chave, como a financeira, a comercial, a produção, o conhecimento e o produto/serviço, além de ter de preferência elementos dos RH exportados e formados na origem, que transmitam uma cultura da empresa-mãe. Chama-se a isto *governance*. Devemos ter um bom projecto de "Governance"; caso não haja capacidade interna na empresa, justifica-se a contratação de serviços de uma consultora especializada.

Outro elemento crítico para a formação das sociedades no estrangeiro é o posicionamento no capital. Caso sejamos minoritários, temos, logo de início, de acautelar um protocolo que proteja os nossos interesses. Isso, por norma, passa por acautelar uma quota de negócios, pelas nossas exportações. É evidente que os modelos de negócios não são estáticos e com o decorrer do tempo há alterações pelo mercado e isso resultará, naturalmente, em tendência para o enfraquecimento da nossa posição ou oportunidade para reforço do capital.

CASO – SOCIEDADE EM QUE SOMOS SÓCIO MINORITÁRIO

Temos uma sociedade num país a Noroeste da Europa, em que somos minoritários. O objectivo foi gerar economia de escala em Portugal e ao mesmo tempo abrir as portas dos grandes clientes nesse mercado.

Inicialmente, apoiámos o projecto de forma cabal, com a presença dos nossos engenheiros e participando activamente na gestão a implementar. A partir do terceiro ano, fomos sentindo diferenças no tratamento para connosco. Sentíamo-nos como quem estava a mais e não era desejado. A empresa entrou, então, em dificuldades, mas nunca o sócio maioritário se coibiu de trocar os seus automóveis novos por novíssimos e de fazer uma gestão na sombra.

Hoje, a empresa está em desintegração e a operação para nós significa perda no património e de oportunidades.

A melhor opção foi vender a nossa participação com algum prejuízo. O ganho foi o conhecimento do mercado para um melhor reposicionamento no futuro.

* * *

A participação minoritária deve ter um objectivo bem claro de recuperação do capital a curto prazo, quando o nosso interesse é pequeno, ou quando temos assegurado o nosso interesse por uma via de actividade dependente da empresa-mãe e isso dá-nos poder.

Também podemos considerar a nossa participação no capital como estratégica, a troco de estarem garantidas as nossas exportações.

Caso sejamos maioritários ou participantes a 100% no capital, tudo é diferente e com responsabilidades acrescidas.

CLIENTE FINAL

Com a criação, o crescimento e o desenvolvimento da União Europeia, os últimos cinquenta anos libertaram os cidadãos europeus de um conjunto de restrições.

O processo foi acelerado desde a criação do mercado único. As fronteiras nacionais foram praticamente eliminadas entre os Estados-membros.

O mercado único daí resultante traduz-se na liberdade de circulação na UE, de pessoas, mercadorias, serviços e capitais. Este gerou oportunidades económicas e laborais fluidas e directas, que transformaram a vida de milhões de cidadãos europeus, assim como o perfil das actividades económicas, pela existência de relações mais directas entre quem produz e cliente final ou quem consome.

Eis o desafio para muitas das nossas empresas, em particular para os bens de equipamento e bens e serviços transaccionáveis e outros: varia as abordagens directas aos clientes finais e, com isto, terem produtos e serviços mais competitivos perante a concorrência internacional.

A actuação directa das empresas juntos dos seus clientes finais, quando possível, só tem vantagens, mas requer ajustamentos de resposta em toda a organização, que são muito importantes e marcarão o sucesso ou insucesso deste modelo para a empresa exportadora.

INTERNET

e-marketing/e-commerce

A Internet é uma das ferramentas obreiras da globalização e um dos fenómenos que mais têm transformado os comportamentos da humanidade ao longo das últimas décadas. Isto acontece em todos os sentidos, para o bem e para o mal.

O comércio internacional sofreu um inovador e agressivo impulso pela Internet, em que os mais afectados são aqueles que se colocam à margem desta realidade digital e se auto-excluem desta evolução.

O marketing pela Internet – que, ao início, todos julgavam só com perfil de sucesso para os produtos de alto consumo/baixo preço – sofreu uma evolução de sucesso generalizado. Isso foi possível, em grande parte, graças à capacidade crescente de os motores de busca irem ao encontro de toda e qualquer pesquisa do utilizador.

Assim, o *e-marketing* transformou-se, para as empresas, numa apresentação altamente eficiente, permitindo uma centralização de informação, comunicação, promoção e venda dos produtos e serviços pela Internet.

Parte do segredo do sucesso é as empresas adoptarem as "designações-chave" correctas. Quer isto dizer que a forma falada e escrita como os mercados e utilizadores procuram os seus produtos e serviços deve estar bem identificada para ser um elemento comum e ser o código correcto de acesso e apresentação rápida da empresa nos motores de busca, como o Google, ou outros.

O *e-marketing* pode, em suma, ser definido como a aplicação da filosofia do marketing às novas tecnologias da informação digital, tirando partido das características destas, tais como rapidez, flexibilidade, mobilidade e domínio. A Internet está a levar o *e-marketing* e o *e-commerce* a um aumento de vendas, com uma redução dos custos, quer para o cliente, quer para o fornecedor, , ocupando cada vez mais os espaços pessoais do ser humano.

O *e-marketing* permite-nos, também, segmentar e personalizar a oferta e mensagem, associadas a uma comunicação que privilegia a forma individualizada e customizada. De tal forma que pode chegar a consumidores de novos padrões e que não estão, frequentemente, nos circuitos transaccionáveis da venda e da procura, permitindo e promovendo o marketing O2O (*one to one*), contacto directo fornecedor-cliente.

Este é um desafio à nova saga da internacionalização das empresas, quer na iniciação de negócios por exportação via Internet, quer como base para outra dimensão **como estar nos mercados externos**.

Hoje, um departamento de compras ou de aprovisionamentos não dispensa trabalhar com a Internet, na busca das melhores condições para os fornecimentos, desde os mais simples aos mais complexos produtos e serviços, pressupondo, mesmo, a entrada em blogues. Com isso, pode obter-se redução de custos e um ambiente de contratualizações extremamente competitivo.

Enfrentar a redução de um espaço negro entre uma gestão tradicional e uma gestão com a Internet e suas ferramentas de trabalho, em diferentes frentes do *e-marketing* e *e-commerce*, é, com efeito, uma realidade desafiante em novos caminhos da estratégica e das exportações.

Podemos chamar a esta revolução "capitalismo globalizado", na qual se estão a esbater distâncias e fronteiras entre empresas e clientes.

Importa, contudo, clarificar que esta forma de internacionalizar ou de estar nos negócios ainda está numa fase da "pré-historia". Efectivamente, todos os dias nos deparamos com mais desafios e estímulos para esta forma de actuar em mercados externos, ou, melhor, mercados sem fronteiras, nos ofereçam produtos e serviços com informação de mais proximidade e mais competitivos. Dá-nos também novas *nuances* inovadoras que tornam tudo mais atractivo e vantajoso, transformando-se em componentes activas da produtividade, quando integrados em cadeias de valor acrescentado.

A digitalização por outro lado está a potenciar ainda mais os resultados em todas as áreas de gestão e em todos os modelos de negócio.

STARTUP

Durante a bolha da internet 1996-2001, cedo se aperceberam os empreendedores que trabalhavam nesta área, da rapidez que dispunham a chegar aos consumidores e ao mesmo tempo a um numero infindável dos mesmos. Através de novos conceitos de negócios ajustados à medida da internet, por informar vender, entregar e receber, criaram-se em todo o mundo muitas novas empresas, em que a base é a internet, negócio esse referenciado como repetível e escalável trabalhando e, ambiente de extrema incerteza na maioria dos casos.

Há também quem designa de Startups a todo e qualquer projeto empresarial que começa por ser uma micro ou pequena empresa.

A imagem mais consolidada de Startup está nas empresas, de serviços que tendo como ferramenta de acesso aos mercados, as plataformas digitais e sobre as mesmas oferecem o seu comercio e negocio global, sendo fornecidas em hardware, por outsourcing, na sua maioria.

O SUCESSO OU INSUCESSO DAS EMPRESAS NOS MERCADOS EXTERNOS DEPENDE DO MODELO DO NEGÓCIO, VISÃO ESTRATÉGICA, AMBIÇÃO E ANÁLISE DO RISCO.

CAPÍTULO XIII

ACTORES DAS EXPORTAÇÕES

"O aço oxida-se quando não é usado; a água parada perde a pureza e o frio congela-a; o imobilismo consome a energia da mente."

LEONARDO DA VINCI

"Transportai um punhado de terra todos os dias e fareis uma montanha"

CONFÚCIO

- **PESSOAS**
- **PRODUTOS/SERVIÇOS/INFORMAÇÃO**
- **MARCA**
- **POSICIONAMENTO PARA "VENDER PARA LÁ"**
- **CONTRATOS ENTRE EXPORTADOR E IMPORTADOR**
- **DIFERENÇAS CULTURAIS E DEMOGRÁFICAS**
- **LEGISLASÇÃO LOCAL INTERFERENTE**

Exportar é um acto de comércio internacional, normalmente entre duas empresas, uma que envia, o exportador, a outra que recebe, o importador.

Actuam geralmente tendo como cenário regulamentações diferentes, sujeitas, sobretudo do lado do importador, a impostos e taxas de importação subordinados a políticas públicas desses países, que vão desde a protecção, total ou parcial, às produções nacionais ou que reflectem diminuição progressiva por acordos entre os dois países, blocos económicos, ou por iniciativa exclusiva do país importador.

É habitual que os impostos e taxas sobre as importações em países com políticas bem estruturadas para o desenvolvimento e para o crescimento económico sejam nulos ou reduzidos, nos casos em que criam emprego.

Esta matéria é muito questionável e normalmente injusta, porque é muito influenciável por *lobbies* locais ou por grandes interesses associativos, pelo que importações de certos items que seriam excelentes no desenvolvimento são bloqueadas ou dificultadas, sem razão para tal. Isso sucede na miragem de estimular a indústria nacional, em que o proteccionismo se transforma rapidamente em falta de competitividade e num travão ao desenvolvimento.

PESSOAS

Temos de ter pessoas bem preparadas, como bons profissionais para liderarem com toda a envolvente dos mercados externos.

As áreas, técnico-comerciais, desenvolvimento/produto, logística/expedição, serviço/pós-venda, mobilidade no acompanhamento do cliente, são áreas de recursos humanos qualificados para a exportação. Colocar pessoas a trabalhar nestas áreas sem a formação adequada sai caro, pelos erros inevitáveis que irão surgir, em que a responsabilidade é automaticamente partilhada com as chefias.

Esta matéria é muito importante. Pela experiência acumulada, sei que o primeiro contacto com o cliente num mercado externo, pela boa ou má impressão gerada, é de elevado impacto e fixa-se por muito tempo na sua memória.

CASO – CLIENTES JAPONESES EM HANNOVER

Um dia, há alguns anos, estava a participar na feira Ligna, em Hanôver, com a nossa presença habitual com um *stand*, e tive a oportunidade de ver dois japoneses no centro do corredor da feira, muito focados nos produtos expostos no nosso *stand*. Passados alguns segundos, avancei até junto deles, convidando-os a sentarem-se e beberem um porto.

Sem pressão, lá apresentei as nossas actividades, produtos e de que forma poderíamos cooperar na criação de valor.

Qual não foi nosso espanto quando nos contaram, no final, que como o Japão era considerado, na Europa, um país que copiava tudo (década de 90), e que por isso estavam a ser rejeitados de forma directa ou indirecta na feira, ninguém os queria receber.

Estavam muito sensibilizados connosco, pela forma como os estávamos a receber.

Lá disse, com o humor luso, que não se admirassem, porque com os portugueses era diferente, porque já nos conhecíamos há mais de 450 anos. Desataram a rir ... foram bons momentos e passados dez anos ainda eram nossos clientes e sempre que nos encontrávamos, lá recordávamos a famosa feira Ligna em Hanôver.

* * *

O ambiente dos negócios exige:

A) Os negócios fazem-se por vezes onde menos se espera. Têm um espaço universal. Cuidado com os preconceitos.
B) As pessoas certas, nos lugares certos.
C) As pessoas devem estar qualificadas para as funções que exercem.
D) Deve ter uma estrutura de retaguarda bem organizada.

Os colaboradores escolhidos para lidarem com clientes dos mercados externos devem ter características pessoais de comunicação como:

1) Nível elevado de educação
2) Formação para escutar o cliente e descodificar as suas propostas, de novas ideias sobre melhoria ou novos produtos.
3) Saber fazer perguntas de alinhamento ou provocatórias.
4) Reportar tudo quanto ouve fora do local de trabalho que seja de interesse para a empresa sobre o cliente, a concorrência, o mercado, as tendências, as oportunidades, etc.
5) Nunca ser exibicionista e nunca se sobrepor à comunicação do cliente.
6) Saber introduzir temas na conversação e saber escutar e decifrar as reacções.
7) Importante/fundamental: pessoas com personalidade alegre, gentil, generosa e com sorriso fácil, com valorização do humor.
8) Saber elogiar de forma suave e nunca de forma exagerada.
   O perfil definido nestes oito pontos assegura uma elevada probabilidade de sucesso na comunicação.
   Aos oito pontos anteriores referidos da comunicação, os técnicos comerciais para os mercados externos devem acrescentar:
9) Saber línguas.
10) Ao lidar com mercados em países de culturas e religiões completamente diferentes do nosso, devem estudar e conhecer os hábitos e respeitá-los.
11) Esforçar-se por conhecer algumas palavras-chave da língua do cliente, como "obrigado", "oxalá", "adeus", "bom dia", "até amanhã" ou, entre outras, "parabéns".
12) Ser gentil e valorizar o relacionamento.

13) Estar muito bem preparados sobre os produtos e serviços que expõe e vende, no que deve dizer e não deve dizer.
14) Conhecimento técnico dos produtos e serviços da concorrência. Conhecimento adequado das vantagens e desvantagens existentes entre os dois lados, ou seja, entre os seus produtos e os da concorrência.
15) Saber actuar com base no círculo sectorial da competitividade dos mercados (ver Capítulo IX)
16) Saber falar com a concorrência. Como?
17) Conhecer a técnica do *bluff*, como e quando utilizá-la.
18) Conhecer as técnicas da contra-informação para obter informação.
19) Conhecer técnicas de negociação em cascata e como se fecham os negócios em cenários preparados e favoráveis à decisão do cliente.

É evidente que preparar os recursos humanos para uma estrutura empresarial virada para os mercados externos requer formação e treino adequados, com conhecimentos específicos sobre o perfil dos negócios em causa.

Negócios em B2C e B2B têm exigências e comportamentos completamente diferentes.

Na preparação de RH para o B2C, a experiência ensinou-me que a formação especializada fora da empresa é muito genérica e transversal, sendo a melhor escola o interior da empresa. Por outro lado, já há excelentes Faculdades e Escolas de Gestão a dar excelentes cursos para líderes e gestores para o B2C.

Não se passa o mesmo no B2B, em que as nossas faculdades estão ainda deficitárias nos seus programas no desenvolvimento e especialização a partir do marketing relacional ou para o também designado marketing industrial.

B2C – Business to consumer – é a transação mais vulgar para o consumidor final, em que normalmente o produto acaba aí. Tem um marketing sobre o desejo as emoções a saúde e na auto-estima.

B2B – Business to business – é uma transação intermediária porque normalmente integra-se na cadeia de valor do comprador e pode continuar a ser transacionável, noutros produtos e negócios a jusante. Customização é uma área por excelência B2B, já referida em capítulos anteriores.

Tendo em conta os perfis aconselhados para funções em departamentos em estruturas empresariais exportadoras, é recomendável o recrutamento de jovens, que mais facilmente assimilam toda a formação e treino necessários e são criativos e voluntariosos.

Se queremos empresas vencedoras, temos de ter colaboradores com espírito vencedor e realizados profissionalmente, no âmbito do trabalho e dentro das suas expectativas, e premiados pelo mérito e pelo desenvolvimento que geram no exterior das empresas exportadoras.

Há uma grande necessidade destes profissionais, pelo que mais do que formar jovens licenciados e dar-lhes um MBA, é também necessário termos jovens capacitados para a gestão corrente do comércio internacional, para o perfil de negócios de B2B, em procura crescente.

PRODUTOS/SERVIÇOS/INFORMAÇÃO

Quando trabalhamos em exportação para mercados complexos por centros de distribuição, temos de ter a noção de que o fraccionamento da cadeia de distribuição nos dificulta o retorno de informação de acompanhamento das reacções dos mercados.

Este acompanhamento tem de estar nas funções dos técnicos comerciais que visitam os mercados, tendo estes profissionais de estar preparados para fazer análises durante as visitas e trabalhar a informação para dentro da empresa.

Toda a informação sobre o comportamento dos nossos produtos e serviços, que vier para dentro da empresa, é "matéria-prima" por excelência para o desenvolvimento e inovação sobre os mesmos, para o futuro.

O pior que pode acontecer numa empresa exportadora é começar a ser derrotada, nos mercados, pela concorrência e essa informação não ser tratada de imediato, ou até tardiamente. Há sempre quem diga "mas eu já tinha avisado". Isto é corrosivo para o futuro de uma empresa.

Numa empresa não há avisos de sentimentos. Há procedimentos organizacionais responsabilizadores e sob controlo de uma gestão corrente e responsável e espírito de equipa entre todos.

A preocupação de ir a todas as fontes de informação na distribuição dos nossos produtos/serviços é importantíssima para a nossa própria competitividade e planeamento futuro.

Exportar com sustentabilidade importa ter em conta este circuito de informação para dentro da empresa, onde devemos ser eficientes. Caso contrário, poderemos ter surpresas e descontinuidades nos mercados.

CASO – FONTE DE INFORMAÇÃO DE RISCO

Mas cuidado com o terreno onde colhemos informação... Um dia, em visita a um mercado onde os homens podem ter mais do que uma esposa, fui extraordinariamente bem recebido num agrupamento de empresas, pequenas, todas do mesmo empresário. Rapidamente acordámos múltiplas formas de cooperação, inclusivamente uma participação conjunta na principal feira generalista. Ao segundo dia da visita, o meu interlocutor e empresário teve de se ausentar por umas horas, ficando eu numa das suas empresas, que era a importadora de equipamentos/ferramentas, em que nós eramos concorrentes.

Com o tempo disponível, sem pressão, pedi algumas informações sobre o que via, fiz perguntas sobre a concorrência, pelo que passados alguns minutos estava a ser atendido por uma bonita jovem, que era a segunda esposa do empresário, que me deu excelentes informações de condições comerciais, preços, prazo de resposta, abordagem e apoio *in loco*, a clientes da concorrência. Estávamos a falar ainda em ambiente descontraído, com histórias das viagens pelo meio, quando chega o empresário, que deu de imediato continuidade ao trabalho que estávamos a fazer e lá fomos para outro tema.

Quando cheguei à empresa a Portugal, qual não foi o meu espanto, porque preparando respostas a tudo que se tinha combinado e já enviado, não tive mais retorno, inclusivamente, pelo telefone, porque depois de nos identificarmos, o mesmo era desligado.

Só passado muito tempo é que compreendi o meu "falhanço" ... Cometi o erro de falar com uma fonte proibida.

* * *

Enfim, em viagens de visita a clientes a procura e a obtenção de informação da mesma são uma bênção para a estratégia nas nossas empresas, mas a preparação de como, quando e onde fazê-lo envolve sempre alguma perspicácia, em particular dos técnico-comerciais. Ou seja, têm de ter permanentemente um sentido de boa comunicação, estilo de charme alegre, humor e fazer perguntas, perguntas, mas seleccionar muito bem, a quem. A cultura local deve ser respeitada.

CASO – VISITA PELA PORTA ERRADA

Um dia, a visitar um nosso distribuidor, num país nórdico, o taxista deixa-me por engano numa porta ao lado da entrada principal da empresa do nosso distribuidor. Entrei e dei comigo no meio do armazém, onde vi em segundos tudo o que eles importavam, o volume dos nossos produtos em *stock*, o volume de *stock* de produtos da nossa concorrência, e que eu desconhecia por completo. Resultado, a abordagem a este mercado alterou-se por completo:a mesma empresa perdeu a nossa exclusividade e protecção. Hoje continuamos a trabalhar com esta empresa.

Recomendação: é sempre bom enganarmo-nos na porta principal e entrar pelo armazém adentro...

* * *

Aplicando aqui o chavão da inovação, errar a porta é inovar, mas não tenhamos dúvidas que inovação é a origem de toda a nossa competitividade, pelo que não podemos descuidar, seja o que for, da informação à expectativa do cliente sobre nós.

Ter o cliente sob alguma pressão pelo que produzimos com inovação, por exemplo: nova embalagem do produto, com a informação exterior de leitura fácil, quando em *stock*, nova embalagem de transporte, instruções de segurança, instruções de uso, sempre em língua do mercado, etc. A inovação é, de facto, fundamental na defesa de um "cordão umbilical" entre nós e o cliente, ou seja com o mercado. Tudo isto faz parte de ganharmos as batalhas à concorrência nos mercados, que pode começar sempre nos pequenos detalhes.

CASO – INFORMAÇÃO IMPRÓPRIA PARA CONSUMO

Recentemente, numa visita a uma feira da electricidade e das energias renováveis, no Dubai, tive de fazer um trabalho de apresentação de uma nossa empresa de bens de equipamentos e novas soluções em energias renováveis, sempre em soluções *off grid*. Visitei diversos *stands*, tudo com equipamentos importados, num desafio a trabalharem connosco.

Nas minhas deambulações pela feira, deparei com um árabe, vestido tradicionalmente a rigor, parado no centro do corredor principal, examinando com muito detalhe uma fita adesiva de amostra.

Vi logo ali uma oportunidade para meter conversa e algo mais.

Comecei por perguntar se trabalhava com aqueles materiais na construção de painéis fotovoltaicos.

Reagiu com um largo sorriso, dizendo que não, muito simpático, pelo que lá nos apresentámos e passou de imediato a mostrar-me pelo telemóvel, no Google Maps, as suas propriedades o que me facilitou depois a minha apresentação das nossas áreas de negócio.

Apresentei-lhe, no âmbito das energias renováveis as nossas soluções originais de bombagem de água, com fontes de energia híbridas, fotovoltaica, eólica e também as múltiplas aplicações para as suas propriedades para a protecção e controle de animais, etc.

Fiz isto de uma forma entusiasmante e fluida, sentindo o meu interlocutor (de corredor) interessadíssimo no que expunha com apoio de catálogos a serem folheados e mostrados.

Quando cheguei às cercas de guarda de animais, qual não foi o meu espanto de expor uma página cheia, com uma foto de uma vara de porcos a ser controlada por cercas electrificadas por energia fotovoltaica.

O nosso amigo estremeceu e eu dou comigo à procura de um buraco bem fundo para me esconder.

Bem, tinha o convite para lhe telefonar quando chegasse a Abu Dhabi. Bem tentei, mas não consegui falar-lhe, para aceitar o convite de visitar as suas propriedades e discutir negócios.

No departamento desta jovem empresa da FREZITE, Equipamentos Energéticos & Ambiente Lda., (hoje esta empresa já não faz parte do grupo FREZITE), quem preparou a documentação não estava devidamente preparado para tal, uma vez que me deu um catálogo com composição igual à apresentação para mercados da América Latina, eu também partilhei esta responsabilidade uma vez que devia ter preparado melhor a informação que levava. Mais comentários para quê?

* * *

MARCA

A marca é um dos activos mais importantes de uma empresa, em particular quando actua de forma global.

Uma marca é como o vinho do porto, quanto mais velha é e usada nos mercados, mais valor tem, ou seja, se a incluirmos no *goodwill* da empresa tem uma forte participação, evidenciando-se rapidamente quando estamos em perfil de negócio do B2C.

O valor da marca subiu extraordinariamente nas últimas décadas, porque é o ecrã público, nos mercados e para os consumidores, sobre a actividade de um colectivo, por produtos ou serviços, podendo ter um poder independente absoluto, a ponto de poder ser transaccionado individualmente.

Há sempre uma perspectiva financeira na valorização da marca, assim como o seu valor pode ser entendido como um valor diferencial que uma empresa pode oferecer aos seus clientes.

A força da marca está associada ao tempo de vida nos mercados onde está implantada, grau de liderança, comportamento dos produtos e serviços que representa, imagem do valor da empresa proprietária ou usuária.

As marcas numa perspectiva de análise de valor são avaliadas também pela *cota memory*, pela opinião e significado junto dos clientes ou consumidores.

Uma boa marca é um parceiro enriquecedor do marketing, quer para a origem, quer para os mercados. Pela origem, pelo *cash-flow* que cria e acrescenta ao cliente final, pela complexidade positiva da importância que pode irradiar e até notoriedade do próprio cliente e pessoal.

No caso de exportarmos sem marca, ou com marca de transição, quando sabemos e aceitamos a substituição no cliente da nossa marca, não há um activo capitalizado a nosso favor e é sempre uma fragilidade a acrescentar à situação de vender "para lá".

Quando vendemos sem marca estamos a transferir valor para os outros estando sempre fragilizados em futuras negociações.

CASO – PRODUTOS SEM MARCA

No final da década de 80, começámos a exportar para um mercado muito difícil na Europa Central que tinha, e tem, uma cultura de padrões altíssimos de precisão e de qualidade. Um dia, a visitar este cliente e a fazer o *follow up* corrente e necessário, fui surpreendido por um pedido para retirar a marca e enviar-lhe de futuro os nossos produtos em embalagem neutra, porque a origem em Portugal gerava dúvidas por não haver tradição industrial nesta área.

Regressei e enviei a nossa resposta: não estávamos interessados em trabalhar nessas condições. Deixámos de trabalhar com este cliente.

* * *

A marca ou marcas de uma empresa devem fazer parte da estratégia bem definida de protecção e valorização. Não podem ser deixadas ao acaso. Ter um responsável da gestão das mesmas é muito importante.

Para além de uma marca global que devemos usar, temos ainda as marcas de modelos de produtos ou até mesmo de serviços que também devem ser protegidas, com objectividade, nos países para onde nós queremos exportar.

A protecção deve ser feita antes de chegarmos a vender para lá.

Deve ser feita de forma cuidada para não termos os problemas que muitas empresas já enfrentaram, de, ao chegarem a determinados mercados, a sua marca global, e até marcas de modelos, já estarem registadas em nome de alguém local.

Normalmente, a intenção de quem assim procede não é séria e envolve atitude de negociação de contrapartidas e até de chantagem.

Os mercados estão cheios destas histórias e todos estamos sujeitos, nas nossas actividades empresariais de registo de marcas, a aparecerem estes obstáculos pelo caminho.

Felizmente, já há cada vez mais protecção para a propriedade industrial e intelectual, que em Portugal é assegurada pelo INPI – Instituto Nacional de Propriedade Industrial –, a entidade oficial para os registos e protecção, que tem vocação para dar todo o apoio nestes temas.

Recomenda-se, sempre, quando queremos registar uma marca, que o façamos primeiro com uma empresa de direito próprio, especialista e conhecida internacionalmente para o fazer, e se possível recomendada, em que o primeiro passo é verificar se há ou não marca igual ou semelhante e que cause impedimento. Segundo, é sempre bom fazer inicialmente uma pesquisa e receber um parecer da empresa escolhida, para definirmos bem a marca e evitar ter problemas de reclamação, por marcas semelhantes já existentes, que posteriormente se possam sentir lesadas pela semelhança.

Só depois é que se deve fazer o registo, com extensão aos países onde que queremos protecção.

Os serviços a contratar com a empresa para o registo da marca também devem acompanhar todo o trabalho de protecção e aconselhar-nos sobre situações imprevistas, como as tais possíveis chantagens que aparecem durante o período do registo.

CASO – REGISTO DE MARCA

Registámos recentemente a marca de um modelo de um produto novo. Passadas algumas semanas, recebemos de empresas desconhecidas, facturas no valor de algumas centenas de euros para pagar o acompanhamento internacional, empresas estas com origem na Polónia, Espanha, Inglaterra, Áustria, etc.

Por tudo isto, vemos a importância de uma marca, o seu valor intrínseco e económico que lhe é devido, chegando a ser um tema de atracção para "vigarice" internacional.

Há sempre quem caia, porque não quer ter a sua marca "descalça". O apoio para filtrar esta situação pode e deve ser prestado pela empresa consultora de confiança para o registo de marcas ou da propriedade intelectual e industrial.

* * *

POSICIONAMENTO PARA "VENDER PARA LÁ"

Para vendermos "PARA LÁ" por exportação levanta-se de imediato uma preocupação: como vamos posicionar nesse mercado a defesa dos nossos interesses antes, durante e no pós-venda dos nossos produtos-serviços?

Uma caracterização bem feita do interesse do posicionamento local do exportador tem de ser, forçosamente, em função do que se exporta, necessidades da comunicação junto dos clientes, de *lobby* junto das autoridades que lançam concursos públicos, gestão de estudos locais (como complemento à organização de ofertas aos concursos locais), capacidade logística e mobilidade, capacidade de armazenamento e distribuição, vendas directas ao cliente em ambiente de apoio continuado, etc.

Na conquista dos mercados externos não há padrões. O exportador tem de conhecer o mercado por correcta abordagem, pelo conhecimento das suas características e do seu potencial de interesse e desenvolvimento, sob os seguintes itens:

1) Ambiente político
2) Ambiente económico
3) Ligações transfronteiriças com outros mercados
4) Custo dos recursos humanos
5) Política cambial – preços em euros, dólares ou outra moeda
6) Sistema de pagamentos internacionais
7) Investimentos públicos aprovados e/ou em aprovação
8) Representação da AICEP/CONSULADO/EMBAIXADA
9) Conhecimento do(s) sector(es) cliente(s), pelos valores que movimenta
10) Listagens de importações dos produtos homólogos, quantidades/valores e por quem
11) Sistema de importação/procedimentos, licenças, impostos e taxas.

Diferentes posicionamentos de representação dos interesses do exportador nos mercados externos.

VENDER PARA LÁ
Estrutura necessária para exportar

Eficiência da representação

Tendência da atividade económica Representação nos Mercados	Em ambiente de crescimento	Em ambiente de recessão	Probabilidade na Defesa, Interesses do exportador
Representante independente	↗ →	↘	0,35
Representante bandeira (Dependente)	↗ (tracejado)	→	0,75
Agente	↗ →	→	0,20
Revendedor	↗	↘	0,50
Distribuidor	↗	↘	0,40
Sucursal (Cap.minoritário)	↗	→ ↘	0,80
Sucursal (Cap.maioritário)	↗	↗ →	0,95
Cliente direto	↗	↗ →	1,00

Figura 11

✓ **Representante independente**

É uma figura pessoal em microempresa, ou empresa unipessoal, que actua como representante do exportador, em ambiente de exclusividade ou não, quase sempre de multimarcas e que muitas vezes incluem a concorrência...

A situação ideal é que o representante independente não trabalhe com a concorrência, mas sim com representações complementares e dentro da mesma área de negócio.

✓ **Representante bandeira**

É uma figura pessoal, também em estrutura de microempresa, trabalhando em exclusividade com apoio total da retaguarda, ou seja, do exportador.

Excepcionalmente poderá trabalhar em representação de outros exportadores, mas sempre com autorização do primeiro, sendo normal que as representações a associar à primeira sejam de complementaridade e secundárias em relação à marca dominante.

O representante bandeira pode também ser um quadro local da empresa, ou expatriado, a actuar no mercado em questão.

✓ **Agente**

É a clássica figura internacional de agenciamento, que normalmente é contratualizada no âmbito da legislação local e com objectivos bem definidos.

Deve actuar em exclusividade relativamente ao que representa no contrato, podendo assumir responsabilidade de assinatura de contratos com os clientes em nome do exportador.

Em alguns casos assume também a figura de importador-distribuidor, por acumulação.

✓ **Revendedor**

É a figura recomendada para grandes mercados ou mercados muito concentrados. Actuam normalmente a partir do distribuidor para o mercado, com apoio à garantia e serviço a partir do distribuidor.

Nos mercados onde ainda não existe nas transações, imposto do valor acrescentado, esta figura é quase inexistente porque funciona como agravamento dos custos e assim agravamento do processo final, com perda para a competitividade do exportador.

✓ **Distribuidor**

Empresa importadora que tem rede de revendedores que os abastece normalmente a partir do seu *stock*, sob gestão, que pode ter, sim ou não controle do exportador.

Normalmente, tem estatuto de exclusividade, mas pode não ter e depender de um agente. Isto é praticável como solução quando o mercado é grande e o exportador o segmentou por espaço, para melhor garantia de cobertura. Tem capacidade, pelo seu estatuto, de fazer a assistência técnica e manutenção aos clientes, dependendo dos produtos.

O exportador pode ter participação minoritária, mas em certos casos é exclusivamente para defender através de um APS (acordo parassocial ou *shareholders agreement*), que contempla cláusulas definidas pelo minoritário, defendendo os seus interesses de distribuição e venda dos seus produtos e não tanto na defesa de investimento em capital.

Entretanto, convém não esquecer que se existirem produtos iguais ou similares, ou por preço mais competitivos da concorrência, o APS tem de dar resposta por regras bem claras, porque as sociedades existem para vencer nos mercados pelos resultados positivos e não por filantropia.

Nestas sociedades é muito difícil a escolha certa dos sócios, uma vez que, sendo minoritários e estando, normalmente, em países distantes, o equilíbrio, mesmo por um controlo mínimo, é difícil de obter.

CASO – PARTICIPAÇÃO MINORITÁRIA

Tivemos uma experiência mal-sucedida numa sociedade distribuidora que aceitámos integrar com uma posição minoritária e com um APS (acordo para-social) bem elaborado. O nosso sócio nesse mercado obteve, através de nós, informação, tecnologia e visão estratégica. Contudo, os objectivos da nova sociedade com o novo sócio minoritário foram-se alterando a favor do maioritário e passados alguns anos a sociedade estava em dissolução. O balanço que fazemos é que, se a sociedade se tem desenvolvido segundo o APS, estariam numa posição de liderança do mercado no segmento. As tentações dos maioritários são grandes, em particular quando o sócio minoritário está longe e outros interesses se levantam.

* * *

Importador-Revendedor

Num mercado como a França, com uma divisão, político-administrativa fina do seu território em departamentos, a figura do importador-revendedor é muito utilizada e tem todas as condições, pelas áreas dos departamentos em que actua, de ter uma excelente capacidade de cobertura do mercado e de interesse para ambas as partes.

Também é uma figura aplicável, de uma forma universal, a outros mercados.

✓ **Sucursal – capital minoritário**

Sociedade criada com parceiro local ou por entrada no capital de uma sociedade já existente. Já é um processo de internacionalização, corresponde a uma estratégia mais ambiciosa do exportador, em que se evidencia já um forte interesse em economia de escala e um melhor e mais eficiente controlo sobre a distribuição, venda na proximidade ao cliente final e com influência na estratégia do preço final a praticar para com o mercado. Como sucursal, pode assumir também o objecto de produção parcial local complementar, assistência técnica com componente industrial, etc.

Este tipo de sociedade, ao ter capital minoritário do exportador, tem de ter a representação deste bem definida por um contrato parassocial que seja um bom regulador das relações dos interesses entre os sócios e com um efeito permanentemente clarificador, gerador de harmonia entre os mesmos, porque normalmente envolve mais responsabilização pelo volume dos capitais e investimento.

✓ **Sucursal – capital maioritário**

O exportador tem o capital total ou partilha algum capital inferior a 49,9%, com terceiros.

Há múltiplas razões que podem dar origem ao investimento de raiz ou aquisição de uma sociedade já existente, num determinado mercado. A mais usual é para fazer a distribuição, venda e serviço dos produtos/serviços do exportador e que normalmente usa o mesmo nome da empresa exportadora.

Este tipo de empresa está, ou deve estar, subordinada por um plano geral central da empresa-mãe que rege a actividade próxima da empresa, num perfil de negócio em que há distribuição dos produtos do grupo, podendo, de igual modo, haver componente industrial tecnológica e, até, de I&D+I, com universidades e instituições tecnológicas locais.

É normal poder haver sempre um certo grau de liberdade estratégico no plano geral, para a sucursal poder integrar produtos da concorrência, por opção de preço ou de complementaridade ao programa da empresa-mãe.

Este grau de liberdade actua no volume de compras de produtos da concorrência, cujo valor oscila, habitualmente, entre 10 a 20% do volume total de compras, como numa estratégia que tem múltiplos efeitos, como se subentende, ou seja:

1) Aproximação a quem nos interessa no futuro para outras aventuras
2) Complementar e melhorar a oferta ao mercado
3) Controlar a concorrência, por contrapartidas
4) Controlo de informação

✓ **Cliente directo**

Como já referido, os princípios da UE pressupõem que o seu espaço ofereça liberdade de circulação de pessoas, capitais, mercadorias, bens e serviços. O objectivo é, então, ter uma mobilidade e aproximação o mais directa possível entre quem produz e quem consome, eliminando-se a intermediação e a improdutividade aí gerada.

Não há dúvidas de que esta abertura veio trazer novas formas de se estabelecer o comércio internacional, dentro do espaço da UE, ainda mais com o reforço pela globalização da informação e das tecnologias de comunicação.

O que a UE imaginou e criou pode ser aplicado em vários mercados, caso o perfil do nosso negócio tenha a ganhar com uma intervenção directa dos nossos vendedores, técnico-comerciais, engenheiros de produto, junto dos grandes clientes nos mercados.

O começo desta prática deve-se às empresas alemãs, que em circuitos com intermediários, tendo produtos normalmente mais caros, na década de 90 e na seguinte, aperceberam-se da perda de mercados. Inovaram colocando seus engenheiros de vendas no avião, a irem para todo o lado e abordando cada vez mais os clientes finais directamente. Pelos resultados, passaram a competir melhor junto dos clientes, vendendo até ligeiramente mais caro do que ao distribuidor e passaram a ter uma melhor informação de retorno dos clientes para os departamentos de desenvolvimento das suas empresas, em que o cliente por excelência passou a comprar o mesmo produto mais barato.

Este modelo é o mais interessante para a maioria das empresas exportadoras, em evidência para as dos bens transaccionáveis, em que se pode rapidamente ganhar mercados. Mas, atenção, temos de ter pessoas altamente treinadas para o fazer e não esperar grandes resultados nas duas primeiras viagens. É uma situação apelativa ao sucesso para ambas as partes, mas exige disciplina na regularidade das visitas aos clientes, com competências para o marketing relacional.

Diz-me a experiência que as visitas aos clientes finais, em mercados externos, devem ser muito bem preparadas e apoiadas em amostras, focadas na actividade de cada cliente e, se possível, com integração de inovação, de forma a associar a inovação de origem ao potencial de inovação do cliente.

Nesta estrutura o efeito de proximidade e da fiabilidade junto ao cliente final dá como retorno os melhores resultados.

Com esta forma de abordar os mercados externos, caso seja bem sucedida, transformamo-nos em parceiros dos clientes e aquando da nossa visita, estes por norma recebem-nos com ansiedade e uma forte expectativa, porque sabem que somos potencialmente portadores do CRIVAC.

CONTRATOS ENTRE EXPORTADOR E IMPORTADOR

Nas relações comerciais de trabalho entre as duas partes, exportador e importador no comércio internacional, é muito vulgar o aparecimento de contratos dos acordos estabelecidos para regular as relações de trabalho.

É recomendável que sejam solicitados serviços a gabinetes jurídicos especializados.

Esta situação é muito usual, porque o importador tem, à partida, a legislação comercial do seu país com composição para o proteger.

A melhor estabilidade de uma relação comercial com os nossos importadores reside no elevado valor e elevado potencial de negócio que lhe transferimos e que em muito deve suplantar a concorrência. O importador sente-se estável e responsável perante as expectativas do exportador e sempre com a sua organização numa postura positiva e criativa.

Quando temos problemas com o que enviamos para os mercados, é certo que, se esses problemas não se resolverem, serão a fonte de muitos outros problemas. Uma espiral de problemas.

Por outro lado, perante uma actuação indiferente do importador - ou seja, com fracos resultados e acomodado -, tem de se ter acautelada a sua substituição.

Este é um dos pontos mais sensíveis para gerar conflitos e contencioso, pelo que a componente contratual é muito importante. Quando se resolvem conflitos por via judicial uma coisa é garantida, todos ficam a perder, mesmo os que vão ganhar no tribunal. Mas atenção que em caso de ruptura contratual o interesse do exportador deve estar salvaguardado e deve ser dado de imediato fim oficial à validade do contrato de representação, distribuição, agenciamento, respeitando-se, quando exista, o período prévio de aviso de fim de contrato, etc. A protecção e permissão para uma medida desta natureza deve estar acautelada contratualmente.

Caso o fim do contrato tenha sido só comunicado verbalmente, o que não deve acontecer, com o decorrer do tempo mantém-se aberta a oportunidade posterior de contencioso jurídico por parte do importador. Com efeito, a contagem do tempo corre sempre a favor do importador.

DIFERENÇAS CULTURAIS E DEMOGRÁFICAS

A vida das sociedades, pelas suas culturas e como se organizam, varia de país para país. Assim, variam a mobilidade e fixação das populações, os centros de interesse económico e industrial, os salários, os custos de produção, os custos de distribuição e outros, desde os processos e hábitos locais até à própria logística e tradições.

Quando estamos numa acção de primeira abordagem a um novo mercado, temos de avaliar o que é a favor, quais os riscos à nossa intervenção, permitindo-nos ver o que temos de fazer para ter sucesso.

Em certos casos, é uma excelente atitude de gestão do investimento apoiar temporalmente com meios financeiros e humanos o arranque de uma estrutura de um determinado importador para com mais eficácia fazer o arranque do nosso estabelecimento nesse mercado.

Assim, uma estratégia de iniciação num determinado mercado externo, em que decidimos apoiar o importador para melhor enfrentar a nossa concorrência, deve-se ter em conta:

1) Gastos preferenciais e tendências do cliente final
2) Espaços de compra e consumo
3) Factores de crescimento do mercado
4) Distribuição, como e por quem?
5) Reacções competitivas de hoje e previsíveis no futuro
6) Pontos fortes e fracos da concorrência

Os ajustamentos a ter em conta aos seis pontos citados são um processo dinâmico e em análise permanente dos resultados que tem de envolver uma colaboração próxima entre exportador e importador, ou entre exportador e agentes locais do mercado.

LEGISLAÇÃO LOCAL ESPECÍFICA

Deve prestar-se atenção à legislação local para onde exportamos, pois recomenda-se uma atitude colaborativa com o importador, em particular no estudo da legislação sobre importação, impostos, taxas, embalagem e outros pontos regulamentados.

No âmbito do tratamento técnico das nossas exportações nas alfândegas de destino, há que conhecer a legislação tributária, para que os processos sejam simplificados e não gerem dúvidas às autoridades, porque a haver, há sempre retenção e o agravar dos prazos do desalfandegamento, com problemas, também, de prazo de resposta para os clientes, ou agravamento dos custos dos processos de desalfandegamento e que oneram o importador, desaparecendo o elemento facilitador.

Em certos casos, perante determinados produtos, há benefícios tributários e outros que convém conhecer, mas para isso é muito importante que o nosso importador esteja a trabalhar com uma excelente empresa despachante de alfândega, que conheça em profundidade a legislação e os procedimentos menos honrosos, mas legais, podendo tornar-se um bom consultor.

CASO – ESCOLHA DE DESPACHANTE PELO IMPORTADOR

Quando sentimos dificuldades em tramitações alfandegárias no destino e quando não encontramos um despachante com a experiência que desejaríamos, o que nos pode prejudicar fortemente, o melhor é recomendarmos ao nosso importador um despachante de empresas exportadoras de produtos similares, ou seja, o mesmo que trabalha para a nossa concorrência. Isto é *benchmarking*. Porque não?

Em mercados como o Brasil, é a melhor prática.

* * *

A FORÇA DE VENDAS MAIS PRODUTIVA NÃO É FEITA DE VENDEDORES, ANTES DE INFLUENCIADORES.

MAURÍCIO BENVENUTTI

CAPÍTULO XIV

MERCADOS EXTERNOS EMERGENTES

"Todos vivemos sob o mesmo céu,
mas ninguém tem o mesmo horizonte"
KONRAD ADENAUER

O termo antigo que definia "mercado emergente" era mercado subdesenvolvido, que na década de 90 passou a ser mais suave, com a definição "em vias de desenvolvimento". Foram, assim, referenciados por terem ainda um desenvolvimento social que é da extrema miséria à extrema riqueza, com chocantes desigualdades sociais e em que o PIB era substancialmente inferior aos ditos países desenvolvidos.

Hoje, já existem novas classificações para países como México, Coreia do Sul, Turquia, Brasil, Roménia, China e Índia: mercados em "crescimento".

Por existir um grande diferencial nos coeficientes que definem o nível de desenvolvimento entre um país desenvolvido e um país emergente, é natural ver um país emergente, num conceito planetário, girar como um planeta, em torno de uma estrela, ou seja na proximidade e influencia de um pais desenvolvido.

Esta original representação, ajuda-nos a compreender melhor as características destes mercados e suas ligações estratégicas com outros mercados.

Se considerarmos países como os EUA, Canadá, Japão, ou Alemanha, em que bem próximos destes já temos, também, a China e a África do Sul, países líderes em blocos económicos ou regiões importantes, em torno deles gravitam os ditos emergentes, identificados hoje como "paraísos" para os seus investimentos no exterior.

Com os EUA e Canadá, vemos investimentos "planetários" estratégicos no México, Chile, Peru e China (mas hoje em forte contracção); com o Japão vemos investimentos na Malásia, Indonésia, Tailândia, Filipinas; com a Alemanha vemos investimentos na Hungria, Roménia, Bulgária, Polónia, Republica Checa, Eslováquia, Polónia, etc.; e, mais recentemente, com a China vemos investimentos no Camboja, Vietname e Laos.

Esta demonstração está associada a áreas de emergentes planetários e que tem uma forte atractividade do investimento directo estrangeiro, em particular do país referido como estrela.

O que atrai os emergentes? O facto de terem custos directos de produção mais baixos, políticas apelativas ao IDE, com fortes incentivos, terem ao mesmo tempo mercados internos de grande dimensão, assim como outros factores, como apoios governamentais negociados caso a caso, à implantação de certos grupos internacionais e sistemas financeiros flexíveis. Destaque ainda para uma legislação fiscal flexível, por vezes também ajustada a cada projecto, aquando da negociação a nível de governo central.

A abordagem aos mercados emergentes tem de ser feita com muito cuidado, porque na maioria das actividades económicas todos os produtos estão ajustados ao poder de compra da população em que o "durável" é secundário e o importante é o preço. Estes mercados são antes de tudo um paraíso para os investimentos, com evidência recente para a China e a nova vaga dos seus emergentes.

Perante isto, basta relevar que nos emergentes há também grandes oportunidades de negócio em investimentos públicos, estruturantes em grandes infraestruturas, grandes projectos de empresas multinacionais na energia, nos transportes, infra-estruturas, auto-estradas. Já no B2C é importante ter muito cuidado, pois o preço baixo é determinante.

Nos bens e serviços transaccionáveis, o grande poder de diferenciação e preços competitivos são oportunidade, contudo nunca devemos subestimar estes mercados. Cada país emergente é um mercado diferente, hoje está em baixo, mas amanhã está em cima nas oportunidades.

Perante todos estes planetários de países emergentes e do potencial de oportunidades que cada um representa, cabe-nos ponderar as opções a adoptar, em termos de exportações e internacionalização, num posicionamento correcto perante o potencial de oportunidades, nesses países.

Uma das respostas está na nossa mobilidade para o exterior e ter centros de competências no nosso país como retaguarda, com uma aposta forte no conhecimento e em novas tecnologias para processos produtivos e sermos competitivos.

Será sempre difícil, quer nos novos investimentos no exterior, quer na captação de IDE para o nosso país, se não tivermos competências que gerem atracção e diferenciação nos valores comparáveis para tal.

É de realçar que a maioria dos emergentes, a nível das políticas públicas e de estratégia do país, estão a actuar de uma forma orientada de priorização para sectores da economia bem definidos, em que associam políticas de desafio com incentivos ousados e provocatórios aos grandes grupos económicos para investir.

Em Portugal o que fazemos? Com políticas europeias ingénuas do "deixa a economia funcionar, será que nesta competição estamos bem posicionados na defesa do emprego das gerações futuras ou a esperança está na "economia do crescimento consequente?

Os países mais desenvolvidos têm políticas específicas bem direcionadas para o desenvolvimento de setores industriais e da investigação fundamental que são tidos como estratégicos para o seu desenvolvimento em apoio às exportações e capacidade competitiva das suas economias.

EMPREENDEDORES NÃO FAZEM PREVISÕES, ANTES FAZEM EXPERIMENTAÇÕES.

MAURÍCIO BENVENUTTI

CAPÍTULO XV

DA EXPORTAÇÃO PARA A INTERNACIONALIZAÇÃO

"Para a história fica quem desbrava novos caminhos
em vez de seguir velhas passadas"
DELOITTE

- **ORIGEM E MOTIVAÇÕES**
- **AVALIAR E DIMENSIONAR**
- **MEIOS RECURSOS E SUPORTES**
- **MODELOS EMPRESARIAIS NA INTERNACIONALIZAÇÃO**
- **CRIAÇÃO OU AQUISIÇÃO DE UMA EMPRESA NO EXTERIOR**
- **PARCEIROS LOCAIS, SIM OU NÃO**

ORIGEM E MOTIVAÇÕES

Com a globalização desencadearam-se novas formas de vida nas sociedades das nações, ao ponto do que acontece à escala do planeta estarem linha em *just-in-time* com a difusão da informação que permite também reacções em *just-in-time*.

A globalização é resultado de um conjunto de factores que, conjugados, geram este efeito sobre a vida das sociedades e dos indivíduos, em que o factor tempo já praticamente não existe ou está reduzido.

Os principais factores que monitorizam a globalização são:

1) As tecnologias de informação
2) O movimento e deslocação das pessoas
3) O efeito radiante das grandes empresas e multinacionais
4) Comércio internacional
5) IDE – Investimento directo estrangeiro
6) Queda de barreiras políticas económicas
    1) Livre circulação do factor capital
    2) Livre movimentação do factor trabalho

Com toda esta evolução, o poder mobilizador de acontecimentos passou a ser de ordem económica e com grande expressão em grandes empresas multinacionais e, mais recentemente, no efeito "tsunamidal" dos mercados (financeiros).

Este efeito gigantesco gerou nos mercados, na vertente económica, o aparecimento de novas formas de organização das empresas, de forma a responderem às oportunidades criadas pela globalização. A isto chama-se internacionalização das economias por via das empresas.

Assim, geraram-se efeitos sob tendência que têm implicação de responsabilidade directa na internacionalização das empresas.

Tendências	Implicações
Crescimento rápido – Fonte de criação de riqueza	Desafios decisórios para empresas competitivas
Rápido crescimento dos emergentes	Investir em estar lá Rápido crescimento
Regionalização do comércio	Várias presenças em cada bloco ou região, pela oportunidade
Economias de escala, majoradas nas origens	Partilha estratégica da cadeia de valor, por vários países
Geração de grandes oportunidades pelo comércio dos bens/serviços Transaccionáveis	Desafios sustentáveis em mercado e criação de valor.

Assim, com a globalização desencadearam-se processos multiformas da internacionalização que, para as empresas que querem ter poder no mercado para onde já exportam, ou querem exportar, avançam com processos de investir nesses mercados e "estar lá".

A selecção de mercados para onde ir e "estar lá" é de grande importância, porque uma escolha errada de mercados paga-se muito caro, pelo custo de entrar num mercado errado e pelo custo da oportunidade perdida de estar nesse tempo em mercados mais promissores.

Já assisti, por mais do que uma vez, a comentários de empresários do género "afinal chegámos à conclusão de que o mercado não tem o potencial que imaginávamos".

Esta conclusão pode estar na sequência de um ou mais anos a correr para um mercado, com perspectivas erradas, com má informação, com custos. Isto não deve acontecer, podendo ser evitado através de cuidados redobrados na selecção dos mesmos.

A escolha dos mercados pode acontecer por duas vias:

O método casual ou aleatório

- Férias no estrangeiro
- Informações de amigos
- Contractos e cooperação com outras empresas
- Contactos com instituições governamentais
- Presença em feiras, missões empresariais

O método sistemático

- Pela captação de muita informação
- Processo de análise sequencial em que uma empresa avalia esses mercados pela sua segmentação
- Por uma visão em que se avança da macro para a microeconomia
- Utilização de empresa de consultoria especializada
- Aquisição de serviços de análise do Risco

Na internacionalização da economia e das empresas, a motivação é muito importante e há diferentes razões para uma empresa avançar para a internacionalização.

As motivações para a internacionalização são explicadas no diagrama de VENN, de autoria de Brito e Lencastre, professor da Universidade Católica, num artigo publicado na revista *Marketing Internacional* em 2000. Este diagrama é muito actual e explícito, pois define muito bem as principais motivações para uma empresa avançar com investimentos nos mercados externos, criando outras empresas. Segundo aquela fonte, a motivação pode ir desde uma motivação proactiva da estratégia da empresa para o seu crescimento, até à situação de motivação por convite, ou seja, fazer internacionalização por arrastamento.

Adapt. Lorga, S.(2000), "O Marketing internacional", in *Os Horizontes do Marketing*, Brito e Lencastre (coor.) Verbo, Lisboa.

Figura 12

MOTIVAÇÃO PROACTIVA – é a mais natural. Implica uma determinação muito grande com epicentro dentro da própria empresa, em que estão bem identificados os objectivos-alvo a atingir com o processo de internacionalização, tais como: economia de escala, formação e rentabilização de custos de competência, melhoria da competitividade para entrar em certos mercados com o investimento empresarial, etc.

MOTIVAÇÃO REATIVA – quando as empresas estão encaixadas na cadeia de valor de grandes multinacionais, em certos mercados por posições muito "protegidas" pelas competências desenvolvidas e pela criação de valor, a empresa multinacional, quando replica o mesmo investimento, noutro mercado, convida os seus fornecedores estratégicos a acompanhá-la.

Isto passa-se muito com a indústria automóvel e a indústria aeronáutica.

No diagrama de VENN vemos outras motivações, mas são fáceis de identificar.

AVALIAR E DIMENSIONAR RISCOS

A tomada de decisão para investirmos em determinado mercado tem de estar suportada por factores determinantes, pela supremacia concorrencial dos nossos produtos e serviços sobre a concorrência local, ou com o potencial a estabelecer, potencial do mercado, oportunidade de criação de valor, etc, nível de capacidade concorrencial, estabilidade política, estabilidade económica, etc., como já visto atrás e em referência a estes valores, também referidos mais adiante .

Há um pressuposto que é real. Não há estudos de mercado que nos apontem risco zero.

Atenção aos mercados com instabilidade cambial.

CASO – RISCO CAMBIAL

Em 1993, quando fizemos a nossa primeira visita de estudo ao mercado brasileiro, para "estar lá", encontramos o real como uma moeda fortíssima, com câmbio de 0,95 R$ = 1 USD. Iniciámos a visita em Recife e terminamos em Porto Alegre, no estado do Rio Grande do Sul. No nosso estudo, obtivemos a informação de que aquilo que queríamos investir teria um *pay-back* de 2,5 anos.

Em 1996, concretizámos o investimento já com o real ligeiramente desvalorizado em relação ao dólar e iniciámos actividade. Passado um ano, qual não foi a nossa surpresa quando enfrentámos uma desvalorização abrupta do real, à qual a interferência do governo brasileiro não era alheia, que resultou de imediato numa perda de activos investidos.

Felizmente que tínhamos registado o investimento em dólares. Contudo, este risco cambial fragilizou o projecto a 2-3 anos e alterou por completo, por força desta desvalorização, a composição do projecto, com consequências negativas nos resultados de futuros balanços da empresa. Saímos do estado de S. Paulo e fomos para o estado de Santa Catarina, por causa dos custos de contexto e maior proximidade aos clientes.

* * *

O Brasil continua a ser um mercado para grandes desafios, mas é muito importante conhecê-lo e ter um apoio de consultoria competente e experiente, pois tem legislação fiscal complexa, assim como regulamentação para actividade económica também complexa e muito proteccionista em relação às importações. Para vencermos neste mercado temos de o conhecer bem e para a maioria das actividades empresariais temos de "estar lá" com uma gestão analítica bem cuidada e um bom g*Governance*.

Há certos mercados com politicas populistas, sim ou não, são "naturalmente" anti-importação, pelo que criam as mais variadas dificuldades ao exportador, resultando assim em mais uma das razões, para muitas empresas, assumirem decisão de "estarem lá", ou de desistirem por completo.

Com a globalização, desengane-se quem pensa que o caminho para os negócios é uma planície. O potencial de crises, com consequência de bloqueios instantâneos aos negócios, é fácil de acontecer, ainda mais em países onde os políticos e seus partidos, quando fragilizados, procurem criar "eventos patrióticos" para desviar atenção sobre os problemas internos e recuperar a sua imagem internamente perante o eleitorado. É um lado feio das democracias.

A invasão da Rússia à Geórgia em 2008 era previsível? Não, mas aconteceu e afectou muitos projectos de investimento e desmobilizou outros. Mais recentemente o conflito da Rússia com a Ucrânia mostra a vulnerabilidade das estruturas que se criam através do comércio internacional, em que a palavra globalização não significa estabilização.

As sanções dos EUA ao Irão estão a afetar o acesso a um excelente mercado para muitos setores. Quem já tem iniciado vendas para o Irão defronta-se hoje com este obstáculo, que poder ser reavaliado tendo simultaneamente vendas para os EUA.

Certamente ganhar posições em novos mercados, mas também conta muito mais perder mercado por via de sansões económicas de alguém contra alguém com ameaças laterais.

O decretar sanções económicas contra um determinado país tem efeitos diretos e colaterais, que passou a ser mais uma área de risco para os negócios no espaço global, dada a sua frequência.

Entretanto, os eventos e a imprevisibilidade não têm somente causas políticas locais. Fukushima é um exemplo de um evento natural que deu novo molde aos negócios do Japão como fornecedor de muitos bens de equipamento e bens transaccionáveis. Veja-se as consequências na indústria automóvel a nível mundial, com crises nas linhas de montagem, por falta de componentes e reacções fortes de investimento em outras geografias a colmatar e desviar o fornecedor japonês.

Por tudo isto e muito mais, na selecção de mercados internacionais podemos estar perante grandes mercados, provavelmente grandes desafios, mas nada de entusiasmos excessivos sem avaliação prévia! Podem ser mercados também de grandes problemas, que para os resolvermos no dia-a-dia nos tiram o sono pelas múltiplas dificuldades que criam, desde a burocracia alfandegária até aos proteccionismos excessivos exigidos aos governos por políticos, empresários e associações locais.

CASO – PROTECÇÃO POR OBSTÁCULOS ÀS IMPORTAÇÕES

Um exemplo de investimento que envolveu deslocalização industrial.

Ao fazermos um investimento em determinado mercado, traduziu-se inicialmente por transferência de uma linha de máquinas que representavam um processo industrial. Algumas das máquinas eram quase novas, já tinham trabalhado na origem, pouco tempo. Quando chegaram ao País destino fomos surpreendidos por uma leitura da alfandega que estávamos a importar equipamentos usados, em análise equipamento a equipamento, em prejuízo do que se produzia naquele país.

Estes protecionismos efetivamente protegem não o desenvolvimento antes, monopólios, asfixia da economia e da sã concorrência.

De facto assim a economia no seu grau mínimo de liberdade, em concorrência, não funciona e quem decreta tais protecionismos é autor, pela ignorância, do não crescimento económico e do não desenvolvimento.

* * *

Outros factores muito importantes a ter em conta nos estudos da selecção dos mercados é a imprevisibilidade política, que é geradora de acontecimentos que em muitos casos destroem investimento e, por vezes, trabalho de anos. Recentemente, alguém previa atitudes de retaliação imediata por bloqueio alfandegário de um país contra outro, contra todas as importações em curso de produtos dessa origem, devido a um pequeno incidente diplomático que, passado pouco tempo, se resolveu?

A avaliação de "estar lá" deve ser, bem estudada e bem cuidada.

MEIOS, RECURSOS E SUPORTES

Entre as múltiplas formas de actuarmos nos mercados externos, somos levados muitas vezes a compromissos e perfis de actuação que não são nem mais nem menos que uma evolução natural do comportamento da empresa-mãe para "estar lá".

Toda a evolução é sempre feita num ambiente de identificação de oportunidades, com emoção crescente, com que alimentamos cenários, negociações e que nos levam a passar automaticamente a projectos de internacionalização com compromissos que se começam a estabelecer.

Uma das consequências é o envolvimento de meios e requisitos para os quais temos de prestar atenção, tais como:

- Recursos humanos
- Capitais
- Competências
- Estruturas de comunicação e controlo
- Assessorias
- Auditorias

- **Recursos Humanos**

Na internacionalização, como em todas as actividades económicas, as pessoas, com a sua formação e qualificação, são elemento-chave para o sucesso dos projectos.

O recrutamento e selecção devem atender a factores novos, ter em conta a distância que separa a empresa-mãe das sucursais, cuja gestão é local (mas com controlo à distancia e em contínuo), através de pessoas de confiança pelo património que depositamos nas suas mãos.

Entre os recursos humanos contratados para trabalharem no "estar lá", temos chefias e operacionais, em que, em muitas situações, o cargo de chefia é ocupada por um expatriado, normalmente recrutado dentro da empresa-mãe e preparado para tal. Há situações em que isso pode não acontecer por proximidades da sucursal, em apoio mais cuidado pelos gestores da empresa-mãe e assim ter chefias locais à frente das sucursais.

A experiência permitiu-nos adoptar a solução de que todos os projectos de internacionalização a uma distância de duas horas de avião deveriam ter chefias locais. Fora deste espaço, em que as visitas são mais caras, e menos frequentes, devemos ter chefias expatriadas que podem ter sido antecipadamente recrutados para gestores do projecto de internacionalização. É o mais recomendado, mas mesmo assim nada é dogmático. Em cada projecto no exterior deve-se adoptar-se as soluções que perante cada cenário se entende serem as melhores, com base em recursos humanos bem seleccionados e sobretudo mobilizados pelo desafio do projecto.

Estas recomendações são o resultado de alguma experiência em casos recentes.

É sempre melhor solução planear com tempo o recrutamento e preparação dos recursos humanos para fins de liderança ou áreas de elevado conhecimento técnico do negócio empresarial.

Quanto aos operacionais, o recrutamento deve ser local, o mais possível, excepto se estivermos perante funções que são críticas para o sucesso dos produtos ou serviços pelo conhecimento que concentram. O habitual é a transferência temporária ou definitiva de quadros técnicos da empresa-mãe para a sucursal.

Quanto à qualificação de operacionais locais que são enviados para a empresa-mãe para receber este treino, a transferência deste conhecimento tem de ser acautelada por contrato de protecção do mesmo.

Desde logo e antes que tal aconteça, o departamento de recursos humanos deve acautelar esta situação com o envolvimento de consultoria jurídica especializada.

Temos de ter em conta a realidade. Quando estamos a investir em pessoas, num projecto de internacionalização, estamos a ser vistos à lupa pela nossa concorrência.

CASO – INVESTIMENTO QUALIFICADO EM COLABORADORES

Num determinado país da América Latina, aquando do arranque do nosso projecto tivemos de recrutar dois operacionais para passarem três meses em Portugal e depois mais três meses na Alemanha a receber formação e treino. Não acautelámos o investimento que fizemos por contrato antes de eles virem para a Europa.

Ficámos surpreendidos quando percebemos que um desses profissionais, mal regressou ao seu país, foi directamente para a concorrência, uma vez que nas últimas semanas de formação na Alemanha já se tinha disponibilizado, com o valor profissional que lhe tínhamos dado, para trabalhar na concorrência, em condições mais vantajosas. Ficámos chocados, uma vez que a concorrência não tinha investido um cêntimo na formação deste técnico e actuou de forma desonesta.

Aprendemos a lição quanto à concorrência e não só. Este tema leva-nos a recomendar que antes de se dar treino e formação, consulte-se um gabinete jurídico para acautelar os interesses da empresa pela contratualização.

* * *

- **Capitais**

Além do investimento-base por capitais próprios, devemos utilizar o mais possível financiamento por capitais locais, em particular para o desenvolvimento dos nossos projectos ou, quando estes envolvem muito valor estratégico para o mercado, avaliados e aprovados por instituições financeiras locais. Recomenda-se sempre o conhecimento dos incentivos ao investimento dos organismos oficiais, quer financeiros, quer fiscais e até autárquicos.

- **Competências**

É um factor determinante para confiança no mercado aos clientes e para abrir de portas.

A confiança e abertura do mercado é tanto mais sólida quanto podemos associar às competências capacidade de resposta e inovarmos com as necessidades de inovações dos clientes. Chama-se a isto criar valor ao cliente, como já referido atrás.

É sempre bom termos uma aura de casos de sucesso que tenhamos desenvolvido com os nossos técnicos e gestores de mercado. Isto porque não há abertura nos novos mercados se não tivermos anteriormente captado e mobilizado a atenção dos mesmos e, se possível, com alguma demonstração.

Não nos podemos esquecer que a actuação da maioria das PME, e em particular na área do B2B, é feita por um marketing relacional que tem técnicas de abordagem dentro do que temos exposto.

O marketing relacional é demonstrativo, antecedendo-o a capacidade e a eficácia na captação da atenção para quem é dirigido.

A manifestação aos clientes das nossas capacidades e competências tem a demonstração de actuarmos mais como parceiro de desenvolvimento e de solução do que um simples fornecedor. Quando conseguirmos isto, 70% do sucesso do nosso trabalho está obtido.

Neste espaço de actuação no marketing relacional e na ânsia de procurar competências para criar valor aos clientes, é normal estes solicitarem-nos oferta/estudo de uma determinada solução que pode envolver recursos exclusivos da empresa, tanto em profissionais altamente especializados como em conhecimento. Pensamos que temos a encomenda na mão. Qual o nosso engano!

É corrente, quando documentamos muito bem a nossa oferta ao cliente, que este utilize a nossa oferta/estudo com conhecimentos e técnicas evidenciadas e os apresente à concorrência, numa pressão para obter vantagens, como preços mais baixos, para a mesma proposta, ou similar, mesmo a troco de fornecer a nossa proposta, com todos os detalhes à nossa concorrência.

Esta deslealdade é recorrente nos mercados.

Se estamos a concorrer com empresas que não têm as nossas competências, nem o investimento para ter departamento de engenharia, departamento de produto associado ao I&D+I, agradecem a solução já formatada, apresentando preços mais baixos, como é lógico. Moral desta situação: quando estamos a formatar uma proposta devemos ser cautelosos a dar informação em macro, porque devemos proteger o nosso conhecimento, pois ao dá-lo ao cliente esse facto pode-se voltar contra nós, pelo uso oportunista da nossa concorrência, através da habilidade negocial do cliente.

Quantas situações em que o cliente, já conhecedor de ofertas com dados técnicos e soluções arquitectadas por nós, difíceis de organizar, foram executadas por concorrentes? Cautela, não sejamos néscios, nem incautos, na defesa do respeito por nós próprios. Se lideramos em alguma área, a concorrência está de olhos postos em nós e os clientes também podem assumir por preço a "dança da oferta", com afirmação de inverdades à mistura. Só temos uma coisa a fazer que é proteger a nossa informação, dando o indispensável e pressionando a resposta do cliente, em tempo muito curto, e aplicando as práticas da competitividade corretas nos mercados.

- **Estrutura de comunicação, gestão e controle**

As estruturas de comunicação têm de ser definidas de acordo com o nível do tráfego da informação que será necessário estabelecer, em apoio às diferentes áreas operacionais da empresa e em particular as áreas tecnológica, comercial e financeira.

Um factor a considerar é a segurança na transferência de dados, sobretudo quando estamos perante transferência de conhecimento que deve estar protegido.

Hoje, desenvolvem-se *softwares* específicos para a gestão de áreas muito sensíveis do conhecimento exclusivo das empresas, mas tem de se pensar sempre na necessidade da sua protecção.

Como *software* geral da gestão, deve-se ter em conta uma boa assistência técnica local e bem representada, nos países para onde vamos.

A transferência de capitais na forma de dinheiro, equipamentos, tecnologias, *software* especial, ou conhecimento deve ser registada como investimento, sendo que isso deve ser feito por uma empresa especializada e, se possível, com resultados demonstrados, em clientes satosfeitos.

Com efeito, a estratégia deve passar, desde o início, por fazer a estandardização interna dos sistemas de informação e gestão nas empresas do grupo. Isto permitirá redução de custos e aumento significativo da eficiência operacional.

Caso seja possível, toda a gestão informatizada deve estar centralizada em servidor(es) na empresa-mãe.

Por vezes não é fácil, tendo em conta que, como já referimos, será difícil existir em todos os países implantação e assistência dos softwares da empresa-mãe. Contudo, a evolução desta área aponta para uma autonomia em qualidade pelo *help desk* à distância.

Aqui não deixa de ser determinante a dimensão dos projetos.

- **Assessorias**

Na fase de estudo, de negociação com a autarquia local ou regional ou do Estado, é muito importante termos assessoria especializada local. Se possível, para as diferentes áreas de actuação futura da empresa, mas, sobretudo, para os incentivos que devem ser negociados ou que são, à partida, oferecidos.

Destaque para a importância de se negociar contrapartidas para que o investimento se concretize. Aqui a recomendação é que tudo fique formalmente contratualizado por escrito. Estamos a lidar com o poder político local ou outro, mas temos de ter presente que as pessoas que exercem esse poder estão temporariamente nesses cargos.

Aqueles que nos receberam, normalmente de braços abertos, podem não ser os mesmos quando nos instalarmos ou durante o período de tempo em que cumprimos as metas do investimento.

CASO – CONTRAPARTIDAS POR INCENTIVOS

Uma experiência vivida num determinado mercado. Tínhamos previsto, no conjunto dos incentivos e contrapartidas negociados, a construção de um edifício em que o município nos oferecia um terreno, o qual pudemos escolher.

Havia o pressuposto de que o terreno seria nosso passados cinco anos após a data do investimento inicial. Findo aquele período, quisemos legalizar a tomada de posse para passarmos à fase de construção das instalações. Pois bem, fomos avisados na altura, já por um novo executivo à frente do município, que o terreno estaria livre para nós, mas que havia uma lei antiga que previa que, ao fim de 20 anos, voltaria para património pleno do município, agregado com o valor de tudo que lá tivesse sido construído. Esta situação apanhou-nos de surpresa, mas não ficou por aqui. Recebemos, mais tarde, a informação do instituto responsável pela gestão do ambiente e protecção da natureza de que existia incompatibilidade de construção.

Isto foi um choque para todos, até para a empresa de consultoria que nos apoiava. Felizmente, o final deste imbróglio acabou por ser-nos sorridente, porque alguém teve de assumir as responsabilidades e clarificar a situação.

* * *

Este é o exemplo de que é importante termos muito cuidado para nos "INSTALARMOS LÁ", estando atentos às questões relativas aos incentivos locais, do município, regionais, ou estatais e económicos, financeiros, ou fiscais.

Através de um advogado estabelecer um contrato entre as duas partes é parte da solução.

- **Auditorias**

São ferramentas de gestão importantíssimas, que se traduzem por um acto de gestão corrente que permite disciplina na responsabilidade operacional.

Não confiar, antes controlar

Por muito bom acompanhamento que façamos para cada projecto de internacionalização, em cada mercado, por muita confiança que tenhamos nos nossos colaboradores, as auditorias às diferentes áreas de actividade são fundamentais e complementam de uma forma precisa diagnósticos à estratégia futura e correcções em linha com a actividade corrente.

Todos os que trabalham numa empresa em processo, ou não, de internacionalização devem sentir-se confortáveis e expectantes em processo de melhoria, tendo para com as auditorias uma postura cooperante e não vê-las como uma forma de caça às bruxas.

Só não se sente bem no seio das auditorias quem tem problemas com o seu desempenho, por a fasquia dos objectivos estar demasiado alta para as suas capacidades ou por outros motivos alheios aos interesses de um colectivo que é a empresa.

MODELOS EMPRESARIAIS NA INTERNACIONALIZAÇÃO

O modelo de negócio e sua estrutura é outra questão que se nos coloca ao dimensionarmos a nossa intervenção nos mercados. Há todo um conjunto de variáveis sobre as oportunidades que cada mercado nos oferece.

Estas devem ser bem pensadas e colocadas no planeamento de investimento e sua implementação.

Uma ferramenta auxiliar muito determinante é a matriz da análise SWOT (strengths, weaknesses, opportunities and threats), que deve ser implementada com muita objectividade e, se possível, enriquecida com a ajuda dos profissionais de consultoria com conhecimento do mercado. Esta análise permitir-nos-á dimensionar o modelo com mais precisão e mais acautelado acerca do risco e do sucesso.

Alguns exemplos de modelos de negócio a criar de actividades nos bens e serviços transaccionáveis devem reflectir a adaptabilidade às características específicas de cada mercado. Senão, vejamos a figura 11.

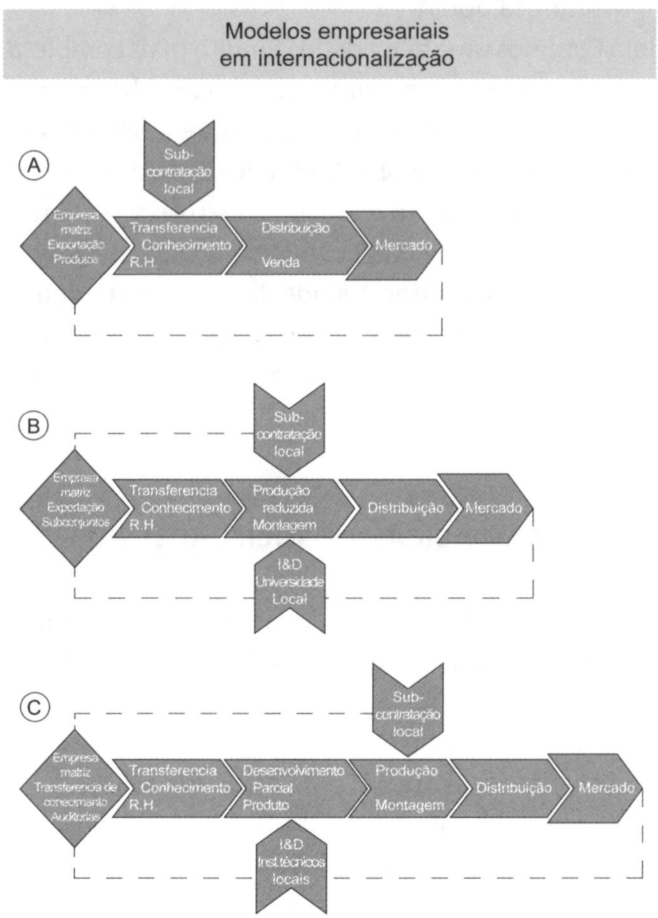

Figura 13

No modelo A, temos uma empresa criada num determinado mercado, que importa tudo, da empresa mãe e que comercializa nesse mercado. No máximo, monta alguns componentes, alguns subconjuntos com fornecimento através do mercado local, por subcontratação.

No modelo B, temos a empresa com algum grau de liberdade e até criatividade, já com alguma produção ou serviço industrial de assistência técnica, com aptidões para trabalhos Ou *inputs* de novas necessidades do mercado na relação a novos produtos, melhor serviço de assistência técnica. Pode ter ligações a instituições tecnológicas e universidades locais e, com esse conhecimento, influenciar na sua actividade industrial limitada, mas em partilha e coordenação com a empresa-mãe. Exerce a subcontratação como a empresa tipo A.

No modelo C, temos uma actividade já muito mais completa e com mais autonomia, semelhante à empresa-mãe, em que já há competências para o desenvolvimento de novos produtose em que a nível das sucursais trabalham focadas nos desafios e oportunidades oferecidas ou descortinadas nos mercados locais. Tem, além disso, uma estrutura restante semelhante ao modelo B. Quando a I&D das universidades locais tem competências muito destacadas nas áreas de actividade desta, ou destas, empresas, então a empresa local deve actuar como elo de ligação do I&D&I com a empresa-mãe, em que se valoriza por competências do conhecimento existente no país.

CRIAÇÃO OU AQUISIÇÃO DE SOCIEDADES NO EXTERIOR

A formação ou aquisição de sociedades em outros países é uma evolução normal de processos de internacionalização por parte das empresas ou por grupos empresariais.

Uma decisão e um processo destes devem ser o resultado de uma estratégia bem delineada e que atenda a diversos requisitos, como uma forte determinação de crescimento e de sustentação desse mesmo crescimento pelas mais variadas razões, como referido em capítulos anteriores.

Muitos dos factores contra e a favor da criação de uma empresa já foram identificados anteriormente. Ao nível da dimensão de PME, um dos caminhos mais disponíveis será a aquisição parcial ou total de uma empresa. Nos países mais industrializados, gerações de engenheiros e pessoas altamente especializadas deram início, no pós-Segunda Guerra Mundial, à criação de empresas, tendo mais tarde (a partir das décadas de 1960 e 1970) surgido o fluxo concorrencial. Muitos daqueles empresários têm empresas médias e pequenas em países como Espanha, Alemanha, França, Reino Unido e Estados Unidos, e deparam-se, no presente, com um problema de sucessão, pois nem todos têm familiares alinhados com as empresas ou interessados em continuar os negócios. Daí as muitas oportunidades que se abrem de aquisição de empresas em mercados estratégicos, onde há múltiplas vantagens em investir, quanto mais não seja na aquisição de uma marca e carteira de clientes

Assim, há que ter atenção às oportunidades.

No caso de uma aquisição no exterior, também há que ter em atenção que há riscos, que têm de ser completamente identificados, para poderem ser minimizados para que a aquisição seja um sucesso.

Desta forma, há que reflectir sobre como:

1º) Identificar bem o que se vai adquirir, se é:
Marca, carteira de clientes, tecnologias, lobby, informação, recursos humanos, conhecimento, patentes, etc.

2º) Análise às consequências previsíveis da aquisição. Qual o impacto no mercado?

3º) Ter em atenção que a expectativa do comprador nunca coincide com a expectativa dos elementos internos da empresa adquirida (dirigentes e restantes colaboradores).

4º) Avaliar bem, por pré-contato, a capacidade de apoio e forma de trabalhar das instituições financeiras da região para com o investidor estrangeiro.

5º) Conhecer quais os apoios disponíveis para o investidor estrangeiro.

6º) Ver se há acordos para evitar dupla tributação fiscal e como se faz a repatriação de dividendos.

CASO – AQUISIÇÃO DE UMA PME

Em experiência recente, aquando da aquisição de uma pequena empresa num país do Norte da Europa, considerámos como oportunidade adquirir uma empresa com um perfil de actividade em engenharia de ferramentas de corte para maquinagem dos metais estabelecida já no sector automóvel e aeroespacial.

Tinha poucos clientes, uma estrutura mínima concentrada no empresário, e trabalhava cerca de 90% como subcontratada para as grandes marcas.

Atrairam-nos os recursos humanos especializados e o domínio de tecnologias avançadas em CNC multi-eixos, que nos permitiriam integrar novos produtos e novos serviços de assistência técnica.

Fizemos a aquisição para esta empresa ser a nossa plataforma para actuar em três mercados. Iríamos transferir tecnologia para inovar nestes mercados e sermos fortemente diferenciadores.

Acontece que ainda hoje é um dos projectos mais didácticos para nós, porque falhámos em toda a linha.

Principais erros.

1º) A empresa não tinha mercado directo.

2º) Os clientes antigos deixaram-nos (grande marcas), quando se aperceberam de que, de futuro, íamos trabalhar directamente, impondo a nossa marca. Ou seja, na prática os nossos antigos clientes passaram a ser concorrentes, porque viram em nós também novos concorrentes.

3º) Com o mercado da indústria automóvel em redução de actividade, sendo mercados extremamente conservadores e com planos de contingência nas compras, foi uma péssima altura para inovar com a força de oferecer ganhos de produtividade ao mercado. Isto é, o mercado estava mais interessado em vencer a crise pela redução de custos e investimento do que investir em ganhos de produtividade.

4º) Foi difícil formar uma equipa coesa de recursos humanos, porque os locais já tinham alguma idade e não aceitaram a integração na cultura do novo grupo. Quando chegavam engenheiros da empresa-mãe, os recursos humanos da empresa evitavam o convívio e a integração motivacional que se implementou.

Hoje, é um projecto ainda frágil, mas que tem espaço para vencer, focado por uma marca forte, engenharia com forte inovação e no ajustamento de ter as pessoas certas na estrutura dos recursos humanos, com objectivos, cultura e empowerment do grupo. Porém, o fácil e lógico tornou-se muito difícil, no limite do impossível.

Por este exemplo, a avaliação de um negócio de aquisição de uma empresa é algo muito sério, porque se for mal calculado pode trazer dissabores muito desagradáveis e falha nos objectivos esperados.

* * *

CASO – EXPECTATIVAS DIFERENTES

A nossa expectativa na aquisição não coincidiu com a dos elementos internos da empresa adquirida.

A fazermos aquisição de uma PME, por motivos de tecnologia que detinham e que nos interessava integrar no grupo, começámos por reestruturar toda a empresa e alinhá-la com a estratégia da empresa-mãe.

Os colaboradores da empresa tinham muitos maus hábitos, pelo que se alteraram muitos procedimentos e passou a haver controlo sobre todos os *outputs* da actividade.

Por sua vez, a grande maioria dos trabalhadores, sentindo as dificuldades da antiga gestão, , antes de chegarmos já tinha feito as contas de quanto receberia de indemnização e quanto teria de subsídio de desemprego ou na reforma antecipada.

A nossa chegada foi vista como alguém que lhes estragava os planos pessoais. E porquê?

Um dia recebemos uma reclamação de uma encomenda que tínhamos enviado para a Rússia, com a devolução total da mesma. Passadas duas ou três semanas, outra reclamação, dessa feita de uma outra encomenda que tinha sido enviada para o Equador.

As reclamações foram analisadas após chegada das encomendas devolvidas e rapidamente se concluiu que tinha sido um acto de sabotagem, algo premeditado.

Nesse mesmo dia, resolvemos trazer todo o imobilizado e tecnologia para a casa-mãe, onde é hoje uma área altamente estratégica e competitiva.

Por aqui se vê como reflectir sobre o ponto nº3, aquando da aquisição de uma empresa no estrangeiro.

* * *

PARCEIROS LOCAIS. SIM OU NÃO?

Na composição societária dos projectos empresariais em países terceiros há dois factores determinantes a ter em conta. Primeiro, qual o nosso interesse, na estratégia do projecto, de contar com sócios locais. E segundo a legislação do país.

Normalmente, quanto menos desenvolvido é o país mais complexa e dificultadora é a legislação que rege a formação das sociedades com sócios estrangeiros.

O factor determinante para ter um sócio local tem a ver com a eficiência e maior agilidade de o projecto se implementar e de ter uma capacidade de conquista de mercado reforçada em maior segurança, sustentação e até reforço da capacidade de *lobby*, assim como conhecimento do mercado e envolvente local.

Os sócios locais podem ser maioritários ou minoritários e podem ser pessoas singulares ou pessoas colectivas.

Por vezes a existência ou aparecimento de um potencial sócio local, com características de ajustamento ao projecto é o motivo determinante da nossa decisão para fazermos um investimento no "ESTAR LÁ".

Quanto aos sócios locais individuais, temos de prestar muita atenção, pois na maioria dos casos há sempre problemas de comportamento, os quais podem alterar as relações de confiança nos projectos e se transformam rapidamente em obstáculos contínuos ao bom desempenho da empresa, esteja ela onde estiver.

Quanto a sermos sócios minoritários num projecto de internacionalização, temos de ver de forma fria e racional qual o nosso interesse nessa participação e como vamos defender esse interesse minoritário.

É evidente que, como habitualmente, tiramos partido positivo de todas as situações, mesmo aquelas em que no imediato julgamos ter perdido o objectivo inicial e o controle desejável.

Se a postura é proactiva, saímos sempre vencedores, pelos ganhos parciais que conquistamos e por se abrirem novas oportunidades. Mas atenção que tudo tem um preço.

A situação de minoritário deve ser acautelada e aqui vem sempre ao de cima que de "emoções e ilusões" estão também os cemitérios das empresas cheios, isto perante decisões mal calculadas, em que predominou o "confiar".

NUNCA SUBCONTRATE O QUE É A ESSÊNCIA E O “CONCEPT” DO SEU NEGÓCIO. PROTEJA-OS!

CAPÍTULO XVI

INTERNACIONALIZAÇÃO E SEU ESPAÇO

"Feliz é aquele que sabe ao certo o que procura, porque quem não sabe o que procura não vê o que encontra"

CLAUDE BERNARD

- **PLATAFORMA DO PROJECTO EMPRESARIAL GLOBAL**
- **PLATAFORMA PRÓ-CONHECIMENTO**
- **PLATAFORMA ESTRATÉGICA PARA OS NOVOS MERCADOS**
- **PLATAFORMA SELETIVA DA CRIAÇÃO DE VALOR**

PLATAFORMA DO PROJECTO EMPRESARIAL GLOBAL

Quantas vezes os empresários e gestores se questionaram sobre a necessidade de reduzir custos de produção, porque o volume/quantidade de unidades dos produtos é baixo, implicando custos pouco competitivos. Para fugir a este estado, normalmente, o desafio é investir na alteração do processo produtivo e este, com base em novos equipamentos e novas tecnologias, oferecer, para quantidades maiores, custos mais reduzidos e qualidade acrescida.

Sim, aqui temos para "quantidades maiores" o que fazer?

A resposta é só uma, temos de ganhar novos mercados, em que a selecção dos mesmos já tenha começado há muito tempo.

Este ganhar de escala é importante para muitas empresas, em particular PME, quando se tem de adoptar uma estratégia de baixar os preços, a acompanhar a concorrência. Isso só se consegue com aumentos significativos de produtividade.

Um investimento dentro deste perfil deve estar associado a uma reengenharia dos produtos e da produção, de forma a que a inovação esteja, assim, de braço dado com a entrada em novos mercados.

Aqui, quando me refiro a inovação, é em toda a extensão do processo de vida do produto, desde o design, matéria-prima, processo, tecnologia, logística, e prazo de resposta até ao cliente.

Se houver erro de cálculo na selecção dos novos mercados externos, ou na forma de entrar nos mesmos, então a situação tornar-se-á difícil para a empresa, em que a decisão rápida de continuar ou não continuar, é um acto de gestão e que não deve ser adiado.

PLATAFORMA PRÓ-CONHECIMENTO

Qualquer empresa que internacionalize a sua actividade deve valorizar-se ao máximo com os recursos existentes no país de destino. Universidades (e as suas áreas de investigação) e instituições tecnológicas com projectos permanentes com empresas traduzem-se em pontos do conhecimento muito importantes, que devemos conhecer por aproximação e se possível na participação em projectos.

Por outro lado, é do maior interesse o conhecimento de toda a oferta potencial da indústria local e dos serviços de subcontratação que são competitivos em segmentos da nossa actividade. Isto porque podemos gerar soluções mais competitivas e, até, desenvolver novos produtos, a montante, mesmo para a empresa-mãe.

Por outro lado, de forma alguma o conhecimento e competências devem estar centralizados no centro do poder do património, ou seja na casa-mãe, de um grupo empresarial.

As sucursais têm de ter autonomia e se há competências de investigação fundamental na região, a aproximação e conhecimento dessas competências é muito importante para criarmos novas ligações e aumentar a nossa rede científica e tecnológica, em alinhamento com futuros projectos.

Esta temática remete para outro tema: como tratar a comunicação e estabelecer uma forte rede interna entre as empresas do grupo de forma a obter os melhores resultados? É um tema que aqui não podemos abordar...

PLATAFORMA ESTRATÉGICA PARA OS NOVOS MERCADOS

Toda a minha vida profissional foi realizada em empresas exportadoras com forte componente de customização. Mais tarde, em 1978 formei a minha primeira empresa numa actividade completamente nova no nosso país e, desde logo, com uma visão exportadora.

Em 1993, fiz as nossas primeiras viagens de estudo de mercado, para aferir as hipóteses de "ESTAR LÁ", neste caso em Moçambique e Brasil. À medida que formei novas sucursais, em países como Espanha, Brasil, Alemanha, República Checa, Reino Unido, França, Finlândia, México e outros, colhi uma experiência da vida de internacionalização por PME. Até o ar que lá respirava me deu ensinamentos de conduta sobre os mercados.

Quem julga que pode chegar a um mercado e adoptar o mesmo perfil de negócio do mercado da sua matriz está enganado e sai-lhe muito caro, pelo retorno desagradável que vai receber; produtos e serviços fora do perfil do mercado.

CASO – EXCESSO DE INOVAÇÃO...

Um caso crítico que enfrentámos no Brasil foi quando lá chegamos em 1996 e começámos a trabalhar com as novas normas de segurança da Europa, em que regras de segurança impostas nas geometrias das ferramentas de corte tiveram custos elevados, assim como o reforço da composição dos materiais cortantes, para lhes aumentar o ciclo de vida. Julgávamos que nos diferenciávamos da concorrência e ganharíamos o mercado.

Surpresa! Os clientes não aceitaram a nossa introdução no mercado das ferramentas de corte e *engineering* com novas normas de segurança e com reforço de vida útil da área de corte, questionando-nos sempre pelo preço mais baixo por comparação com a concorrência.

Passado algum tempo lá fizemos marcha-atrás, não insistimos. Mas não baixámos os braços. Adaptámo-nos ao mercado e passámos a competir por via de factores diferenciadores reformulados.

Todo o programa de ferramentas de corte acabou por ser produzido no Brasil. Hoje, o mercado evoluiu e já aceita toda a inovação que quisemos implementar, no início da actividade da empresa "LÁ". No presente, a FREZITE é a segunda marca mais conhecida no Brasil em engenharia de ferramentas de corte para madeira, estando em forte ascensão em engenharia por ferramentas de corte para metais, indústria automóvel, aeronáutica e outras, não obstante ser um mercado difícil, por empresas nacionais e empresas de capital estrangeiro estarem em diferentes níveis concorrenciais.

Assim, com a internacionalização, o apelo interno entre empresas do grupo à flexibilidade dos ajustamentos aos padrões de engenharia da empresa-mãe deve ser uma cultura interiorizada. Só assim é que enfrentamos bem os mercados, trabalhando a uma só voz e em coordenação.

Não esquecer, além disso, que temos de ter sempre espaço para a inovação, pois esta tem de funcionar na apreciação do cliente, quando lhe transferimos valor e atuamos em CRIVAC.

Em conclusão, quando quisemos impor inicialmente no Brasil produtos e serviços de assistência com forte diferenciação por novos requisitos de segurança, pelas normas europeias, sendo em mercado completamente diferente, disseram-nos em geral, "não, eu não pago isso"!!...

* * *

Como ligação para outros mercados, cedo nos apercebemos que teríamos mais sucesso na abordagem a novos mercados a partir das próprias sucursais, em detrimento de uma acção exclusiva e totalitária a partir da casa-mãe.

Assim, verificámos que a partir da República Checa chegamos mais facilmente à Eslováquia do que a partir de Portugal. Isto tem tanto mais valor quanto maior for a concentração de meios produtivos e de serviços que temos nas sucursais.

Não foi difícil, também a partir da República Checa, avançar para a Polónia, fazendo-se através da República Checa todo o apoio em serviço e reengenharia, num enriquecimento da nossa malha empresarial na internacionalização.

Quem é que não sabe o valor do MADE IN GERMANY?

É a partir da nossa empresa em Balingen, na Alemanha, que estamos a avançar para mercados que valorizam ao máximo esta origem, em detrimento imediato de outras origens.

Senão vejamos a figura seguinte, como exemplo de uma plataforma de internacionalização.

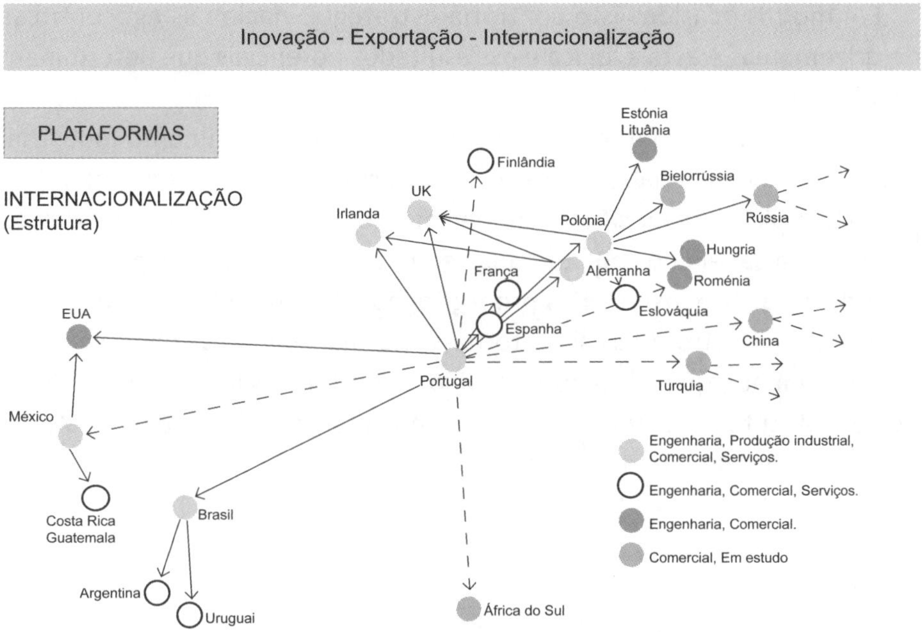

Figura 14

Pela experiência acumulada, tenho de reconhecer que a plataforma como ligação para outros mercados é instável, por ser permanentemente desafiante.

Mas para aceitarmos os novos desafios temos de ter os meios, os recursos e o espírito do inconformismo bem activo e assumir alguns riscos.

PLATAFORMA SELECTIVA DE CRIAÇÃO DE VALOR

Se já nos posicionamos em certos mercados, sob uma estratégia de escala, em relação à nossa matriz por comportamentos regulados pela mesma, não é displicente colocarmos em causa essa estratégia, quando novos factores e custos de contexto desses mercados se alteraram e provocam novas vantagens competitivas, em desafio ao investimento, pela razão de uma maior criação de valor e libertação de meios.

É de todos conhecido que a criação de valor e libertação de proveitos financeiros é determinante nas análises e decisão do corpo accionista, de como e onde investir.

Em muitas ocasiões isto contraria estratégias nacionais egocêntricas de origem, mas é esta a lógica e os resultados potenciais que determinam onde investir.

Mesmo que isso determine até mobilidade do investimento industrial para além do comercial ou do serviço, que arrasta consigo, segredos industriais, tecnologias específicas, conhecimento agregado e aberto a outros partners da cadeia do "outsourcing" e uma gestão mais assertiva.

A decisão de transferirmos produção industrial para fora da casa mãe, colocando-a noutros mercados, torna-se normal quando a criação de valor é determinante, quer pela oportunidade de estarmos lá, quer pelos desafios envolventes que encontramos, ou nos oferecem e obedecem a uma ordem natural de quem investe.

A INTERNACIO-
NALIZAÇÃO É UM
ESPAÇO GLOBAL,
MAS ATENÇÃO À
ACEITAÇÃO DOS
SEUS DESAFIOS.

CAPÍTULO XVII

RISCOS E DETERMINAÇÃO DE VENCER NO MERCADO ALVO

"O sábio teme o céu sereno; em compensação, quando vem a tempestade ele caminha sobre as ondas e desafia o vento"

CONFÚCIO

"Quem confia não controla"

O AUTOR

- **FACTORES EXÓGENOS E ENDÓGENOS**
- **FACTORES DE RISCO**
- **RECUAR PARA AVANÇAR**
- **DETERMINAÇÃO PARA VENCER**

FATORES EXÓGENOS E ENDÓGENOS

Estes factores são muito importantes para uma análise mais cuidadosa da decisão de onde e como investir.

São factores que devem ser manipulados como um todo, em que o coeficiente de valor de cada um dependerá do tipo de actividade do investimento em causa, da sensibilidade e preocupação do investidor.

Assim, temos comos exógenos:

- Ambiente político
- Ambiente económico
- Ambiente laboral
- Ambiente cultural/trabalho
- Universidades/instituições tecnológicas
- Logística
- Posicionamento geográfico da concorrência
- Propriedade industrial
- Conhecimentos sobre o sistema financeiro
- Legislação fiscal
- Mobilidade de capitais
- Legislação sobre dupla tributação

Estes factores têm um caracter bastante universal, mas têm de ser observados por quem investe para se saber o contexto que irá envolver o investimento. É de destacar, de igual modo, o conhecimento dos pressupostos da legislação laboral e fiscal ou de se ser acompanhado nessas áreas por uma empresa competente, com provas dadas de consultoria.

Para todos estes fatores podemos criar uma matriz de análise de risco, que nos auxilia em muito nas decisões posteriores.

Como Factores Endógenos identificados a seguir são elementos integrantes de qualquer projecto empresarial de internacionalização.

É do maior interesse ter uma resposta na estratégia e no projecto para cada um destes factores, em função do que a concorrência vale e como actua. A nossa estratégia tem de estar formatada pelos objectivos, tempo, meios e resultados.

Assim, temos nos tangíveis:

- Produto – Apresentação/composição
- Marca – Se está registada nesse mercado
- Embalagem - Composição/desenho/material/logística de grupo/logística de armazenamento/instruções uso/ponto verde/imagem corporativa
- Vender – Como? Onde? Por quem?
- Conhecimento – A partir de nós como alavancar no mercado. Quais os parceiros? Como?
- *E-commerce*, simples e atraente para os utilizadores.
- TIC – Quais as necessidades e qual o apoio local para tecnologias de informação e comunicação. Há fornecedores locais? Qual a capacidade de resposta pelo help desk?
- Preços e Prazos – Os preços devem estar sob uma estratégia, sim ou não, quanto à diferenciação que a empresa criará nos negócios como pela:
    - ➢ Melhor qualidade
    - ➢ Melhor *performance*
    - ➢ Melhores características
    - ➢ Prazo mais fiável e favorável.

Há um conjunto de factores, designadamente intangíveis, que majoram o sucesso pelos resultados que influenciam:

- Criação e alimentação de uma cultura homogénea entre empresas do grupo por uma rede interna.
- Capacidade de gerar permanentemente factores diferenciadores em toda a actividade, tanto externa como interna na empresa.
- A dinâmica do investimento deve estar ajustado às oportunidades do mercado.
- Cultura de criação de valor para o cliente
- Objectivos bem calculados e exequíveis nos planos gerais.
- Financiamento do projecto, sempre se possível pelo sistema financeiro local.
- Recursos humanos bem treinados e formados em associação com a cultura da empresa.
- Valorização dos recursos humanos, pelo mérito e resultados.
- Auditorias regulares.

De realçar que estes factores não são rígidos, antes adaptáveis a cada empresa, a cada caso de internacionalização.

FACTORES DE RISCO

Estes factores são geradores de grande perturbação na vida das empresas que "ESTÃO LÁ", muitas vezes com consequências desestabilizadoras e angustiantes para todos na empresa-mãe. Por vezes, podem chegar a pôr em risco o próprio projecto, pelo que o esforço para evitar problemas com base nestes factores é muito importante.

- Contratar pessoas erradas para lugares com responsabilidade.
- Diferenças culturais e hábitos locais podem implicar instabilidade comportamental.
- Risco de instabilidade por inadaptação à mobilidade, em particular no caso dos expatriados.
- Fuga para a concorrência de informação, de tecnologias e conhecimento do negócio.

- Roubos nas áreas de armazenamento/logística.
- Invisibilidade na gestão financeira.
- Risco na escolha de consultores.
- Ausência de auditorias.
- Dar formação e qualificação às pessoas sem fazer contratos sobre o investimento dessa formação e qualificação, que é também património da empresa.

Hoje em dia, e muito especialmente em processos de internacionalização, é importante que a gestão de topo elabore uma matriz de risco, com as probabilidades imputadas a cada um desses factores de risco.

Isso permite-nos raciocinar estrategicamente sobre riscos a incorrer.

QUEM CONFIA, NÃO CONTROLA

Há um denominador comum, que são os recursos humanos que contratamos. Deve haver um grande cuidado na selecção das pessoas, porque a desonestidade está em todo o lado e não tem nacionalidade. É a experiencia que me faz afirmar e realçar: **cuidado**.

RECUAR PARA AVANÇAR

Recuar para avançar pode parecer um paradoxo.

Em todas as nossas frentes de internacionalização, por vezes o risco assumido traduz-se em mais um projecto não conseguido, em energias queimadas todos os dias, sem resultados, aumento de preocupações, aumento dos custos. O que fazer?

Indiscutivelmente, recuarmos no momento certo é um acto positivo de gestão. Hoje, darmos um passo atrás, fecharmos uma porta, concentrando energias e meios em outros projectos mais positivos é darmos de seguida dois passos em frente.

Saber sair atempadamente também é muito importante. O controlo de danos e o *stop loss* é essencial.

Esta é a visão correcta de luta na economia real. Fechar uma porta é um acto de gestão, muitas vezes não fechar e prolongar a decisão de fechar é um acto de irresponsabilidade ou de incapacidade de dar um passo atrás e depois dois à frente. Assim se faz também o crescimento das nossas organizações. Não podemos contar só connosco para o sucesso dos nossos projectos.

Há eventos, factores locais, mudanças políticas, alterações súbitas de regulamentação em sectores de economia que nos afectam directamente e que muitas vezes alteram por completo o cenário da data da decisão de investimento e cenário da data da implementação.

Se conseguirmos evitar recuos, tanto melhor, porque o futuro das organizações deve ser sempre bem pensado, planeado e decidido com tempo, sobre uma base de excelente e criteriosa informação.

Alguém disse que o "erro " é a melhor escola. Isso é verdade, mas apenas se a seguir ao erro aprendermos e ficarmos com mais maturidade e sabedoria e desenvolvermos capacidade para evitar repetir o erro.

DETERMINAÇÃO PARA VENCER

Vontade de vencer é, de facto, um requisito para fazermos internacionalização com sucesso. Tem de haver um entusiasmo contagiante em todos os níveis de liderança da empresa e é importante que esse entusiasmo se transmita à equipa de instalação e de início de actividade.

Não é um caminho fácil. Mesmo bem preparados e bem aconselhados, vamos enfrentar reveses impensáveis, mas com determinação, meios, recursos bem calculados, capacidade diferenciadora e pessoas motivadas, só nos resta vencer. Passado algum tempo, a obra aparece e fortifica-se pelo "esforço de semente" que levamos para aquele mercado e o mesmo começa a dar-nos retorno, lembrando-nos que o esforço e o entusiasmo foram compensados, pelos resultados que começam a aparecer.

Onde quer que estejamos, somos estrangeiros, os locais olham para nós e o que vêem?

Eis o desafio pelos valores, pelo exemplo e pela afirmação correcta nos negócios, em que temos de ser um testemunho exemplar em que a nossa origem está no foco de terceiros. Não devemos ser irresponsáveis, antes exercer a nossa actividade com uma imagem de competência e rigor.

O respeito e a aceitação são fruto do nosso comportamento e, se assim for, o vencer acontecerá naturalmente e perdurará ao longo do tempo, acrescentando todos os dias valor ao *goodwill* da empresa e a uma imagem positiva e facilitadora no rumo ao crescimento sustentado.

O ESPÍRITO
DA "AVENTURA"
NÃO CABE NA
DECISÃO DE SE
INTERNACIONALIZAR
ANTES, NUMA
MATRIZ DE ANÁLISE
DE RISCO.

CAPÍTULO XVIII

SEGURANÇA E PROTEÇÃO DO CONHECIMENTO NO EXTERIOR

"Tememos as coisas na medida em que as ignoramos"
TITO LÍVIO

Os cenários externos que esperam as empresas exportadoras têm de ser tidos em conta uma vez que são espaços por excelência da procura do conhecimento em evidencia sobre o lado da oferta.

Uma empresa ao chegar a um determinado mercado externo, com forte poder diferenciador sobre a sua concorrência receberá de imediato o foco das atenções da concorrência existente, ou da potencial concorrência em futuro próximo.

Os comportamentos da concorrência para obtenção de informação sobre conhecimento de uma empresa que chega a um determinado mercado pode ser através da própria empresa cliente ou através de falsas abordagens sob a capa da cooperação.

Por outro lado, aparecem em certos casos empresas locais disponíveis para trabalharem a distribuição ou venda dos produtos ou serviços nesse mercado, mas de uma forma protegida e oculta tem o propósito no futuro de serem nossos concorrentes.

Será de todo o interesse para a empresa exportadora identificar bem a situação e ter uma estratégia bem definida e transferida para toda a equipa porque todas as cautelas são poucas, como diz o povo.

O tema de procura de conhecimento pode ter duas origens; uma legal e consentida, outra ilegal e normalmente designada como .... Com o nome de espionagem.

ESPIONAGEM – é ação de apropriação da informação e do conhecimento sobre produtos, serviços, tecnologias ou ciência por meios clandestinos, sem conhecimento e consentimento da origem, que causa graves danos à segurança e danos do valor da propriedade, quer de origem quer os interesses nacionais, muitas vezes só detetáveis a longo prazo.

Esta apropriação pode partir de várias entidades, por vezes até dissimuladas, desde empresas com fins e atividades diferentes, embaixadas, "medias", OMGS, pessoas infiltradas, profissionais do sexo, empréstimos monetários e outros.

Os métodos para a abordagem à vítima são muito diversificados e por vezes não utilizam as "primeiras linhas" como a Direção da empresa, mas antes alguém que dá menos nas vistas e que pode mais facilmente transmitir a informação pretendida, de uma forma mais discreta, por exemplo, funcionários de limpeza com acesso a informação mal arquivada, vendedores que são profissionais, com um ego cheio de ambição pela comunicação, etc.

As técnicas usadas são diversas, em que procuram um ponto de vulnerabilidade para explorar e chantagear, começando em problemas pessoais, familiares, vícios pessoais e até armadilhas sexuais.

É assim muito importante que as empresas passem a adotar na sua organização uma cultura de segurança para que se protejam destas situações que tendem a aumentar.

O SIS – Sistemas de Informações de Segurança, que é o Organismo do Estado Portugues que protege o património nacional nas transferências nas nossas fronteiras, aconselha várias medidas que as empresas podem facilmente adotar como:

PROTEÇÃO INTERIOR DA EMPRESA

1) Delinear procedimento de segurança internos.
2) Dar formação regularmente sobre segurança do património, material intelectual e científico.
3) Aferir a lealdade de cada elemento da empresa
4) Definir consequências para quem não cumpre regras de segurança
5) Ter mais atenção na classificação e arquivo de documentos para manter seguras informações confidenciais
6) Adotar uma politica "Clean Desk" para que os colaboradores não deixem documentação solta na secretária
7) No caso de existirem armários de documentos confidenciais e importantes manter a chave num cofre
8) Rever quem tem acesso a que informação e reajustar no caso de serem acessos desnecessários ao trabalho do colaborador
9) Ativar alertas para alteração regular de passwords
10) Restringir telemóveis nas salas de reuniões
11) Visitantes: não permitir telemóveis nas visitas à empresa, ou fazer bloqueio com selo, na ótica camara fotográfica do telemóvel.

12) Procedimentos para a utilização de emails/redes sociais para que não se divulgue informação critica.
13) Separação física de rede informática interna da externa em casos mais delicados como por exemplo o computador que mantem o arquivo digital da empresa
14) Ter atenção à limpeza frequente do histórico e das cookies
15) Ter em atenção os horários desfasados para que não exista uma baixa de segurança (trabalhar fora da hora laboral)
16) Verificação de segurança à entrada/saída de todos os colaboradores
17) Funcionários e visitantes com identificação e entradas diferentes para ambos
18) Regulamento de segurança comunicado a todos, não só no momento de contratação.
19) Instruções de segurança em formato visível afixadas na empresa
20) Reportar erros e alterar o comportamento mediante os mesmos
21) Acompanhar visitantes desde que cheguem à empresa e durante todos os momentos da visita, escalar mais do que uma pessoa para o acompanhamento
22) Limpar inbox e arquivar apenas informação necessária
23) Separar as informações da vida pessoal da vida profissional para que através de contas pessoais não seja possível extrair informações relativas à vida profissional (ex: redes sociais)
24) Nos e-mails ter atenção a links e ficheiros anexos que podem muitas vezes conter software maligno
25) Atualizar softwares e antivírus porque as versões antigas representam mais portas de acesso
26) Ter atenção ao download de certas aplicações que trazem anexadas publicidade de abertura automática
27) Depois de viagens fazer uma verificação dos dispositivos que foram utilizados (computadores e smartphones)

PROTEÇÃO EXTERIOR À EMPRESA

Durante viagens de negócios ao exterior há também vários cuidados que as empresas devem adotar para que não coloquem em risco a informação que transportam consigo. Smartphones são sempre um ponto fraco porque estão carregados de informação confidencial e muitas vezes pessoal. Ficam algumas recomendações:

1) Manter as informações da agenda longe das redes sociais
2) Ter atenção a abordagens por pessoas com interesses coincidentes ou que tenha encontrado em outras viagens anteriores
3) Manter sempre contato visual com as malas e bagagens
4) As receções do hotéis e filas de aeroporto são áreas eleitas para roubo de bagagem, em particular pastas de transporte pessoal.
5) Toda a informação e equipamento sensível deve ser sempre transportada junto à pessoa nunca sendo enviada para o porão nem deixada no quarto
6) No caso de ter receio de perda de documentação importante deve deixar no cofre do quarto, mas num saco segurança com letras em português (que pode ser comprado cá de antemão)
7) Considerar a hipótese de utilizar um telemóvel descartável ao invés de um smartphone
8) As ligações Wifi/VPN/Bluetooth dos hotéis acarretam sempre perigos
9) Ter atenção nas reuniões a desvio agenda (falar de um projeto que ainda não está 100% desenvolvido)
10) Oferta pen drives em feira (muitas vezes podem conter software maligno)
11) Não deixem em viaturas computadores, smartphones, tablets, mesmo quando vão ao restaurante com clientes.
12) Ter em atenção que o avião é um local vulnerável para proteger uma conversa. Ouve-se tudo à volta da pessoa.

O SIS está disponível para apoiar as empresas numa cultura e conhecimento da proteção do património para além-fronteiras. O seu trabalho é exemplar e patriótico.

PROTEÇÃO GLOBAL – CIBERSEGURANÇA

Todas as empresas têm os seus sistemas de comunicação, quer para o interior, quer para o exterior da sua atividade em computadores e estes em redes simples ou complexas a trabalharem sob programas sustentados em softwares e estes alimentados por dados.

O aumento continuado de periféricos e o desenvolvimento da Internet dita das coisas e de multi-programas a atuar em simultâneo de diferentes origens por multi-utilizadores, gera nos sistemas, fragilidades quanto a segurança e em particular no Ciberespaço que é o espaço exterior à empresa onde se partilha, ou busca a informação cuja segurança, hoje, corre sérios riscos.

Devido a informações contidas em rede e à logística de dados online, com o desenvolvimento da inteligência artificial e a valorização de todas as redes e sua rapidez cada vez mais solicitada pela machine learning, corremos hoje sérios riscos de intervenções externas por crime organizado, aos sistemas informáticos.

A estes ataques chamam-se ciberataques e visam a destruição de sistemas, roubo de informação de software ou dados, ou até de valores monetários e patrimoniais.

As empresas devem ter a Cibersegurança como uma função intrínseca à funcionalidade dos sistemas informáticos. É um trabalho de equipa de todos, dentro da empresa, assim como no exterior deve ser uma sintonia de esforços, empresas, governo e utilizadores.

Através do Centro Nacional de Cibersegurança as empresas vão dispor de um portal para melhor se defenderem pela avaliação das suas capacidades e competência em eliminar os ataques de Cibercrime contra os seus sistemas informáticos.

Portugal já dispõe de oferta de serviços de empresas especializadas em Cibersegurança e que tem estatuto de alta competência a nível internacional.

Sobre CIBERSEGURANÇA de MICHAEL VATIS:

No futuro muito próximo, exercícios de segurança Cibernética serão absolutamente esperados em todas as empresas, pelos reguladores.

O CONHECIMENTO
É UM ATIVO DO MAIS
ALTO VALOR
DA EMPRESA.
A PROTEÇÃO
DO MESMO TEM
DE TER ESPAÇO
NA ORGANIZAÇÃO
E NO TREINAMENTO
DA EQUIPA.

CAPÍTULO XIX

DO PROMONTÓRIO DE SAGRES A BELÉM

"Como nação, sempre fomos capazes de ultrapassar as nossas dificuldades, transformando-as em desafios e estes em vitórias, muitas vezes na última oportunidade"

O AUTOR

Quando D. Afonso III, em 1249, conquistou definitivamente o Algarve, deparou com a linha contínua do horizonte oceânico à sua frente.

Sabe-se que tal feito fazia parte da ambição de conquista de D. Afonso Henriques, que a ela se tinha proposto.

Sagres foi, desde então, a mesa em cima da qual os sonhos se escreviam e redesenhavam, perante o olhar estudioso dos movimentos das marés, dos ventos, das forças da natureza e da procura de respostas pela concertação da ciência disponível dos homens de então.

O promontório de Sagres transformou-se, então, num local provocador para os nossos antepassados empreendedores e para quem liderava o nosso país pelos desafios que emoldurava e porque representava a continuidade de ambição de um povo que não se queria limitar ao Algarve, mas ir muito para além do seu horizonte marítimo.

Quando da decisão de se investir na grande empresa dos Descobrimentos, avançou-se para o desenvolvimento do conhecimento, pelo recrutamento dos melhores mestres da Europa em ciências do mar e gerando meios e colocá-los à disposição da ciência e estabelecer metas. Criaram-se estaleiros para a construção das caravelas e das naus - e mais tarde para outro tipo de embarcações, com maior porte para missões mais ousadas – em diversos pontos da nossa costa, desde o Algarve até Viana do Castelo.

Belém e o Porto foram locais de referência, de onde partiram a maioria das nossas expedições, por oceanos dentro, com uma fé e vontade de vencer os desafios do além-mar, de forma inabalável e dar grandeza ao Reino.

Para a pior materialização do capital de risco, criámos a figura do Velho do Restelo, associado às praias de Belém, ponto de partida da maioria das expedições e ponto do regresso dos vitoriosos das expedições, com as suas caravelas e naus com mercadorias e animais, algumas como prova da descoberta de novos mundos. A vitória da acreditação das novas técnicas de marear e descobrir novos desafios, como novos mercados.

Fomos sempre um povo capaz de grandes feitos, que deu factos para a história da humanidade, mas ao longo da história temos falhado na sustentabilidade dos resultados desses grandes feitos.

Caberá perguntar quem lucrou com os grandes feitos dos portugueses?

Onde estão os resultados na nação portuguesa?

Vamos continuar a repetir o fado da história?

Não, mil vezes não!

Os desafios de hoje são os mesmos que enfrentaram os nossos antepassados, quando na conquista do Sul de Portugal chegaram ao Algarve r ambicionaram desbravar novas áreas desconhecidas, outros mundos.

Os desafios de hoje estão bem visíveis e diante de nós.

Vamos vencer e dar sustentabilidade ao futuro, porque ele está nas nossas mãos e exige cooperação e alinhamento entre todos.

Há quem os considere intransponíveis, há quem pense em conforto e não aceite desafios e há uma maioria que aceita e aceitará desafios à linha do horizonte, ao que "ESTÁ PARA LÁ".

Há também uns, muito poucos, que não falam dos nossos antepassados e da nossa história, porque se envergonham. Mas têm razão, porque são já hoje um passado recente e é a nossa história que se envergonha deles.

Os desafios de ontem de descobrir mundos além-mar são os desafios hoje nos mercados externos para as diferentes gerações de empresários e gestores velhos e novos, que, a partir deste ponto mediano da ocidental praia lusitana, procuram colocar os seus produtos e serviços em qualquer parte do mundo.

Hoje, as praias de Belém são os nossos aeroportos pelos quais desbravamos novos mercados, conquistamos a amizade, o respeito, a cooperação com outros povos e a troca de produtos e serviços.

Somos um país pequeno, mas com uma tamanha grandeza no seu passado, na sua atitude, que nunca coubemos no território que temos.

Hoje, os empresários e gestores portugueses viajam cada vez mais pelo mundo na procura de novos mundos dos negócios pelas oportunidades que criam e encontram. O desafio está aí. Até 2020 ultrapassaremos os 50% do valor do PIB pelas exportações e depois seguiremos para valores acima dos 60%. A educação, o conhecimento com ganhos de competências serão o suporte ganhador para esta expedição além-fronteiras. Saibam os políticos assumir esta responsabilidade pela cooperação entre si e criar as condições para que os homens da economia real façam ainda melhor a sua parte e que a iniciativa privada seja respeitada pelo seu real valor.

Como nação, sempre fomos capazes de ultrapassar as novas dificuldades, transformando-as em desafios e estes em vitórias, às vezes na última oportunidade.

Exportar e internacionalizar é e será, cada vez, mais o caminho dos empresários portugueses no mundo, com um pensamento estratégico nos mercados e com uma acção bem definida e calculada nas acções rumo a uma maior sustentação para as empresas e para a economia nacional, pelo que exportamos "PARA LÁ" ou internacionalizamos para "ESTAR LÁ" e vencermos.

Esta mensagem tem de ser transferida para as novas gerações, quer na escola, quer no trabalho.

Esta é também a permanente mensagem da história de Portugal, deixada pelos nossos antepassados e da qual nos devemos de orgulhar em qualquer tempo e parte do mundo, onde estejamos e pelos novos caminhos que traçamos todos os dias.

A escola do erro foi um dos suportes que utilizei para que o sucesso da comunicação do livro fosse atingido e gerasse atratividade pela leitura do mesmo.

Desejo o maior sucesso ao leitor a sentir o impulso de fazer ou continuar a fazer o Caminhos do Exportador e deixar a sua marca nos mercados internacionais, que resulte em terceiros, por um maior apreço pelos Portugueses e pelo nosso País.

BIBLIOGRAFIA

AMARAL, Luís Mira, *E Depois da Crise? Cenários Para o Futuro da Economia Portuguesa e da Economia Mundial*, Bnomics, 2009.

AVILÉS, Prof. Agustín, AESE – *Negociação*, AESE.

BIENVENUTTI, Maurício, *Audaz – As 5 competências para construir carreira e negócios inabaláveis*, Gente Editora, 2018.

BRITO, Carlos Melo, LENCASTRE, Paulo de, "Marketing Internacional" in *Os Horizontes do Marketing*, Lisboa, Verbo, 2000.

CADILHE, Miguel, *O Sobrepeso do Estado em Portugal*, V. N. de Gaia, Arkheion, 2013.

GARRATT, Bob, *The Learning Organization*, Gower Publishing, 1987.

GOLEMAN, Daniel et al, *HBR 10 Artigos Essenciais – O Essencial*, Coimbra, Actual 2016.

MAGRETTA, Joan, *Michael Porter – O Essencial sobre Estratégia, Concorrência e Competitividade*, Vila Nova de Famalicão, Centro Atlântico, 2012.

PORTER, Michael, KRAMER, Mark, *Created Shared Value*, Harvard Business.

RUMELT, Richard, *Good Strategy, Bad Strategy*, Nova Iorque, Crown Business, 2011.

SANBORN, Mark, *Você não Precisa de um Título para ser um Líder*, Porto, Fronteira do Caos, 2007.

SUZAKI, Kiyoshi, *Lean – Metodologias Kaizen para a Melhoria Contínua*, LeanOp Press.

VAET, Yves, *A Sabedoria dos Tempos*, São Paulo, Vida e Consciência, 1997

OUTRAS REFERÊNCIAS

NASCIMENTO, A., MENEZES, J., SILVA, Susana, LOBO, Almada, VALVERDE, C., ABRANTES, L., *Mini-MBA. Programa à Medida para a Frezite*, Porto, Universidade Católica.

WESTKÄMPER, Engelbert, Institut für Produktionstechnik und Automatisierung, Estugarda.

ORGANISMOS E INSTITUIÇÕES

ORGANISMOS E INSTITUIÇÕES QUE ATUAM NO ESPAÇO DAS EXPORTAÇÕES E INTERNACIONALIZAÇÃO

AEP – Associação Empresarial de Portugal	PORTO	www.aeportugal.pt
AESE BUSINESS SCHOOL	LISBOA	www.aese.pt
AICEP – Agência para o Investimento e Comércio Externo de Portugal	LISBOA	www.portugalglobal.pt
AIP – Associação Industrial Portuguesa	LISBOA	www.aip.pt
CIP – Confederação Empresarial de Portugal	LISBOA	www.cip.org.pt
D. DINIS BUSINESS SCHOOL	LEIRIA	www.ddinisbschool.com
ESCOLA DE NEGÓCIOS DE COIMBRA	COIMBRA	www.bs.iscac.pt
ESCOLA NEGÓCIOS LISBOA - ENL	LISBOA	www.escolanegocioslisboa.pt
FUNDAÇÃO AIP – Pessoas. Empresas. Economia	LISBOA	www.fundacaoaip.pt
IAPMEI – Agência para a Competitividade e Inovação, I.P.	LISBOA	www.iapmei.pt
MINISTÉRIO DA ECONOMIA	LISBOA	www.portugal.gov.pt
MINISTÉRIO NEGÓCIOS ESTRANGEIROS	LISBOA	www.portugal.gov.pt
PORTO BUSINESS SCHOOL	PORTO	www.pbs.up.pt
PORTUGAL EXPORTADOR	LISBOA	www.portugalexportador.pt
SECRETARIA DE ESTADO DA ECONOMIA	LISBOA	www.sgeconomia.gov.pt
SECRETARIA DE ESTADO INTERNACIONALIZAÇÃO	LISBOA	www.portugal.gov.pt

DEPOIMENTOS

O meu amigo e companheiro de diversas lutas, na resistência ao desmantelamento do aparelho produtivo da Europa, decidiu legar aos colegas empresários um livro em que exprime os principais vetores para o sucesso empresarial nos caminhos da exportação e internacionalização.

Aníbal Campos

José Manuel Fernandes descobriu o método e a arte da Indústria, em que evidencia uma ambição; retribuir à comunidade empresarial o seu saber. A pedagogia dos grandes. O que se aprende e adquire é para transmitir e devolver.

Fátima Campos Ferreira

Caminhos do Exportador vem chamar à atenção para um facto que tendemos a desvalorizar, mas que se reverte cada vez mais da maior importância e acuidade; a ambição virtuosa do conhecimento científico e portanto da tecnologia, com o conhecimento empírico, fruto da experiencia e experimentação que o autor demonstra utilizar com sucesso.

José António Barros

Caminhos do Exportador dá-nos um notável contributo que interessa a todos os empreendedores, empresários e gestores. De uma forma especial deverá merecer melhor atenção por todos aqueles que se estão a iniciar em exportações e a internacionalizar as suas empresas.

José Eduardo Carvalho

Esta obra tem o enorme mérito, de abordar um tema que está na ordem do dia da economia portuguesa: o seu processo de internacionalização. O Eng. José Manuel Fernandes encarna um caso exemplar de como as empresas portuguesas têm competência e preparação para abordarem e vingarem nos mercados mais exigentes a nível mundial e, por isso, vale a pena ouvir a sua "lição de vida".

Este livro permite levar a todos um exemplo prático e concreto de como é possível vencermos, como País e como economia no mundo global.

Pedro Reis

Trata-se, pois, dum livro indispensável a todos os nossos empresários e a todas as nossas PMEs, envolvidas ou que se irão envolver num processo inevitável de internacionalização na economia global.

Luis Mira Amaral

Crescer no mercado internacional é fundamental para o desenvolvimento e sustentabilidade da nossa economia. Para todas as empresas e em especial PMEs que são o motor do crescimento em Portugal, considero de leitura obrigatória o livro "Caminhos do Exportador" – Bem escrito por quem sabe e com grande valor acrescentado para quem quer trilhar o caminho da Internacionalização.

Pedro Castro e Almeida

Para qualquer PME exportadora, "Caminhos do Exportador" é um livro obrigatório que lhe fará poupar muito dinheiro, além de evitar muitos erros.

Nicolau Santos

Esta obra é um testemunho na primeira pessoa das exigências, das peripécias e das recompensas vividas no contexto da internacionalização.

Ricardo Arroja

AO OLHAR PARA TRÁS, VEJO UMA ESTRADA CONSTRUÍDA PEDRA A PEDRA, SEMPRE SOB UMA MIRAGEM DE CHEGAR AO TOPO DA MONTANHA, EM QUE A MESMA, NUMA MUDANÇA DO TEMPO, SE AFASTA PERMANENTEMENTE DE NÓS, COM NOVOS DESAFIOS.

O AUTOR